Der Abschluss der Verstaatlichung der Hauptbahnen und zehn Jahre Staatsbetrieb in der Schweiz.

Von

Placid Weissenbach,

gew. Präsident der Generaldirektion
der Schweizerischen Bundesbahnen.

Springer-Verlag Berlin Heidelberg GmbH
1912

Sonderabdruck aus
ARCHIV FÜR EISENBAHNWESEN
1912, Heft 4 u. 5.

ISBN 978-3-662-38788-7 ISBN 978-3-662-39686-5 (eBook)
DOI 10.1007/978-3-662-39686-5

I.

Der Rückkauf der Gotthardbahn.

Mit dem 1. Mai 1909 sind die Linien der Gotthardbahn in das Eigentum und in den Betrieb des Bundes übergegangen. Damit hat die Verstaatlichung in der Schweiz ihren vorläufigen Abschluß gefunden. Wie im Jahrgang 1898 dieser Zeitschrift dargestellt worden ist, war durch das Bundesgesetz, betreffend die Erwerbung und den Betrieb von Eisenbahnen für Rechnung des Bundes und die Organisation der Verwaltung der Schweizerischen Bundesbahnen, vom 15. Oktober 1897 für einmal nur die Erwerbung der Hauptbahnen in Aussicht genommen. Nach Maßgabe der Konzessionen konnten auf den 1. Mai 1903 die Linien der Schweizerischen Centralbahn, der Schweizerischen Nordostbahn, der Vereinigten Schweizerbahnen und der Jura-Simplon-Bahn zurückgekauft werden, das Netz der Gotthardbahn aber erst auf den 1. Mai 1909. Die Ankündigung des konzessionsgemäßen Rückkaufs erfolgte mit Beschluß des Bundesrates vom 26. Februar 1904.

Wie für die anderen Bahngesellschaften, war auch für die Gotthardbahn die rechtliche Grundlage des Rückkaufs durch bundesgerichtliche Urteile über bestehende grundsätzliche Meinungsverschiedenheiten soweit möglich zum voraus festgelegt worden. Das Urteil des Bundesgerichtes vom 25. Juni 1901 [1]) erledigte die durch die Entscheidungen in Sachen gegen die Centralbahn und die Nordostbahn noch nicht entschiedenen Streitpunkte über aufgeworfene Einzelfragen. Gegen den Beschluß des Bundesrates vom 12. Juni 1899, der die Einlagen in die Erneuerungsfonds der Hauptbahnen festgesetzt hatte, war von diesen am 12. Juli 1899 Rekurs an das Bundesgericht angemeldet worden; nach eingehendem Schriftwechsel hatte das Bundesgericht am 16. Juli 1903 eine Expertenkommission von

[1]) Jahrgang 1904 des Archivs, Seite 1322 u. fg.

fünf hervorragenden Technikern des Auslandes [1]) zur Begutachtung der Streitfrage ernannt, nachdem zufolge der Verstaatlichung der anderen Hauptbahnen der Rechtsstreit diesen gegenüber dahingefallen und nur die Gotthardbahn als Rekurrentin verblieben war. Das Gutachten erschien im Oktober 1905; auf dessen Grundlage wurde am 30. Dezember 1905 ein Vergleich zwischen den Parteien abgeschlossen, und es konnten die Berechnungen über die gesetzliche Höhe des Erneuerungsfonds erstellt werden. Sofort begannen die Verhandlungen mit der Gotthardbahn, um einen freihändigen Ankauf zu ermöglichen, was bei den anderen verstaatlichten Bahnen gelungen war. Diese Verhandlungen führten aber nicht zu einem vollständigen Abschluß; es wurde nur nach und nach Einigung über einzelne Punkte erzielt und über wichtige Fragen durch die Klage der Gotthardbahn vom 5. Mai 1908 der Entscheid des Bundesgerichtes angerufen. So war durch Verständigung vom 16./29. April 1909 die Summe des kapitalisierten Reinertrages auf 212 500 000 Frcs. festgesetzt, der Betrag der vom Bunde besonders zu vergütenden Materialvorräte und Reservestücke auf 2 759 791 Frcs. und der Wert der verfügbaren Liegenschaften auf 665 436 Frcs. bestimmt worden. Ferner übernahm der Bund die 3½ prozentige Obligationenschuld der Gotthardbahn von 117 090 000 Frcs. mit einem Aufgeld von 6 Millionen. Die Restforderung der Gotthardbahn im Betrage von 95 410 000 Frcs. blieb bestritten, indem der Bundesrat verlangte, daß davon abzuziehen seien das versicherungstechnische Defizit der Hilfskasse mit 6 Millionen, der Sollbestand des Erneuerungsfonds mit 13 742 190 Frcs. und die Abzüge für Minderwert der vorhandenen, im Erneuerungsfonds nicht berücksichtigten Bahnanlagen mit 3 444 000 Frcs. sowie für fehlende Anlagen und Ergänzungsbauten mit 46 000 000 Frcs., welche Forderung nachträglich auf 18 372 000 Frcs. herabgesetzt wurde. Die Gotthardbahn verlangte dagegen noch eine Vergütung von 8 476 973 Frcs. für Bauten, die sie seit der Rückkaufsankündigung ausgeführt hatte. In einläßlichen Rechtsschriften wurde der Rechtsstandpunkt beider Teile erörtert; über

---

[1]) Experten waren die Herren k. k. Regierungsrat W. Ast, Baudirektor der Kaiser-Ferdinand-Nordbahn in Wien; Geheimer Oberbaurat A. Blum, vortragender Rat im Ministerium der öffentlichen Arbeiten in Berlin; Betriebsdirektor O. Engler, Vorstand der Betriebsabteilung der Großherzoglichen Generaldirektion der Badischen Staatseisenbahnen in Karlsruhe; Baurat Kittel, Mitglied der Generaldirektion der Königlich Württembergischen Staatsbahnen in Stuttgart, und L. Salomon, Oberingenieur des Material- und Fahrdienstes der Gesellschaft der Ostbahn in Paris.

den Zustand der Bahn wurde ein Gutachten durch die Herren Ingenieur Dr. Hennings, Professor am eidgenössischen Polytechnikum in Zürich, Oberregierungsrat Franken in Wiesbaden und Karl Ritter von Pascher, k. k. Generalinspektor der österreichischen Eisenbahnen in Wien, erstattet, die einen Abzug von nur 2 467 810 Frcs. als berechtigt erklärten. Auch die Höhe des versicherungstechnischen Defizits der Hilfskasse war durch ein Gutachten auf nur rund 4 Millionen berechnet worden. Der Bundesrat hatte in Aussicht genommen, diese Gutachten anzufechten und verlangte vom Bundesgerichte Bestellung einer Oberexpertise. In diesem Stadium des Rechtsstreites regte der Vorsitzende des Bundesgerichtes Vergleichsverhandlungen an, die am 10. Juni 1911 zum Abschluß des als Beilage 1 [1]) abgedruckten Vergleichs führten. Dieser Vergleich ist von der Aktionärversammlung der Gotthardbahn am 26. August, vom Bundesrat am 29. August und von der schweizerischen Bundesversammlung am 5. Dezember 1911 genehmigt worden.

Laut diesem Vergleich anerkennt die Gotthardbahn, daß von dem nach Übernahme des Obligationenanleihens von 117 090 000 Frcs. verbleibenden Restbetrag des kapitalisierten Reinertrages von 95 410 000 Frcs. weitere 11 660 000 Frcs. abzuziehen seien, so daß der Bund als restliche Rückkaufsentschädigung der Gotthardbahn nur noch 83 750 000 Frcs. oder 837,50 Frcs. für die Aktie, Wert 1. Mai 1909, schuldet. Durch frühere Zahlungen hatte die Gotthardbahn außerdem erhalten 6 000 000 Frcs. Aufgeld für Überweisung des Obligationsanleihens, 2 759 791 Frcs. für Materialvorräte (Wert 4 259 791 Frcs. abzüglich unentgeltlich abzutretende 1 500 000 Frcs.), 665 436 Frcs. für entbehrliche Liegenschaften und 351 892 Frcs. für verschiedene Vergütungen (Postlokale in Goldau, Bellinzona und Lugano, Schulhaus in Airolo und Wasserrechtskonzessionen in den Kantonen Uri und Tessin). Zu verrechnen waren ferner 1 184 837 Frcs. für Ausstände der Güterexpeditionen, Zahlungen der Gotthardbahn an die Hilfs- und Krankenkasse, die Barkautionen von Unternehmern und vom Bunde übernommene Rentenverpflichtungen. Der durch den Vergleich zugestandene Abzug von 11 660 000 Frcs. wurde überwiesen dem Erneuerungsfonds mit 7 655 797 Frcs. und der Hilfskasse zur Deckung des Defizits mit 4 004 203 Frcs.

Die Eingangsbilanz der Gotthardbahn gestaltete sich zufolge dieser Operationen auf den 1. Januar 1912 wie folgt:

---

[1]) Folgt am Schluß des Aufsatzes.

Aktiven.

			Frcs.
I. Baukonto, laut Bilanz auf 30. April 1909:			
a) Bahnanlage und feste Einrichtungen (abzüglich der Subventionen von 119 000 000 Frcs.)			146 762 571
b) Rollmaterial			27 635 078
c) Mobiliar und Gerätschaften			3 425 663
d) Unvollendete Bauobjekte			182 916
e) Bauausgaben pro 1909 verrechnet			187 555
f) Bauausgaben pro 1910 verrechnet			15 038
			178 208 821
II. Verfügbare Mittel:			
a) Entbehrliche Liegenschaften		665 436	
b) Materialvorräte		4 259 791	
c) Verschiedene Debitoren		1 536 729	6 461 956
III. Zahlungen der Gotthardbahn:			
a) für Saldi der Hilfs- und Krankenkassen		162 093	
b) für Barkautionen von Unternehmern		65 836	
c) für übernommene Rentenverpflichtungen		665 000	892 929
IV. Überschuß des Rückkaufspreises über die Aktiven der Gotthardbahn:			
3½ proz. Anleihe vom 1. April 1895, Saldo		117 090 000	
4 proz. Anleihe der S. B. B. von 1912		83 750 000	
Defizit der Hilfskasse G. B.		4 004 203	
Betrag des neuen Erneuerungsfonds		7 655 797	
Prozeßkosten und verschiedene Auslagen, betreffend den Rückkauf		117 028	
		212 617 028 [1]	
abzüglich:			
Betrag des Baukontos	178 208 821		
Ohne Entgelt abgetretene Materialvorräte	1 500 000	179 708 821	32 908 207
			218 471 913

[1]) Nebst den in dieser Eingangsbilanz enthaltenen Beträgen wurde der Gotthardbahn eine Summe von 6 000 000 Frcs. bezahlt, als Aufgeld für die Übernahme ihres 3½ proz. Anleihens, welche Summe in der Frist von 20 Jahren amortisiert wird.

Passiven.

		Frcs.
I. Konsolidierte Anleihen:		
a) 3½ proz. Anleihe vom 1. April 1895, Saldo auf 30. April 1909		117 090 000
b) 4 proz. Anleihe der S. B. B. auf 1. Januar 1912		83 750 000
		200 840 000
II. Schwebende Schulden:		
a) Guthaben der Unterstützungskassen	162 093	
b) Barkautionen von Unternehmern und Lieferanten	65 836	
c) Hilfskasse für die Beamten, Defizit	4 004 203	
d) Prozeßkosten und verschiedene Auslagen, betreffend den Rückkauf	117 028	4 349 160
III. Spezialfonds:		
a) Erneuerungsfonds	7 655 797	
b) Fonds zur Deckung von ehemaligen Pensionen G. B.	665 000	8 320 797
IV. Zahlungen auf 1. Mai 1909 an Gotthardbahn:		
a) für Mobiliar und Gerätschaften, Material und Reservestücke	2 759 791	
b) für entbehrliche Liegenschaften	665 436	
c) für Wasserrechtskonzessionen in Uri und Tessin	249 910	
d) für Postlokale	82 323	
e) für Schulbauten in Airolo	19 659	
f) für Ausstände der Güterexpeditionen	1 184 837	4 961 956
		218 471 913

Diese Verständigung über den Rückkaufspreis ist somit erst geraume Zeit nach der Besitzergreifung der Bahn erfolgt. Zu dieser war der Bund nach dem Wortlaut der Konzessionen auf den 1. Mai 1909 befugt. Wegen der Übernahme des Rückkaufsobjekts war zwischen der Verwaltung der Gotthardbahn und der Generaldirektion der Bundesbahnen am 28. April 1909 eine Vereinbarung zwischen der Gotthardbahn in Liquidation und der Bundesbahnverwaltung abgeschlossen worden. Im Einvernehmen mit dem eidgenössischen Eisenbahndepartement war ferner an das Personal der Gotthardbahn am 5. April ein Zirkular erlassen worden, das diesem die Bedingungen des Übertrittes zur Bundesbahnverwaltung auf Grundlage der Beschlüsse der Bundesversammlung zur Kenntnis brachte; der Übergang hat sich sodann ohne Anstand vollzogen. Die Übernahme der Gotthardbahn durch den Bund wurde allen schweizerischen und ausländischen Transportanstalten, mit denen sie in Beziehungen stand, mit Zirkular vom 23. April zur Kenntnis gebracht.

Mit Rücksicht darauf, daß weder eine Verständigung über den Rückkaufspreis der Gotthardbahn zustande gekommen, noch der neue internationale Gotthardvertrag perfekt geworden war, wurde verfügt, daß bis auf weiteres für das ehemalige Netz der Gotthardbahn (Kreis V der Bundesbahnen) getrennte Rechnung geführt werde. Auch für den Erneuerungsfonds der Gotthardbahn fand ihr besonderes, vom Bundesrate 1905 genehmigtes Regulativ bis auf weiteres Anwendung.

In Anwendung des Beschlusses der Bundesversammlung über Wahrung der bisherigen Bezüge des Personals der Gotthardbahn sind die bestehenden Wohlfahrtseinrichtungen bis auf weiteres unverändert in Kraft gelassen worden, z. B. die Lebensmitteldepots, die unentgeltliche Beförderung von Lebensmitteln (Milch, Fleisch usw.), die Unterhaltung von Schulen, die Fahrbegünstigungen für deren Lehrer und Schüler.

Von großer Wichtigkeit für die Verstaatlichung der Gotthardbahn war nicht nur die Ermittlung des Rückkaufspreises und die Ordnung aller privatrechtlichen Beziehungen zur Gotthardbahngesellschaft, sondern namentlich auch die Regelung der *öffentlich-rechtlichen Beziehungen zu den Subventionsstaaten*. Es erschien zweckmäßig, vor der Durchführung des Rückkaufes diese Verhältnisse gegenüber Deutschland und Italien endgültig zu ordnen. Wie früher mitgeteilt worden ist, hat Deutschland eine Subvention von 30 Millionen und Italien, mit Inbegriff der Cenere-Linie, eine solche von 58 Millionen geleistet. Von einer Rückzahlung dieser Subvention für den Fall der Verstaatlichung der Gotthardbahn war nie die Rede, wohl aber hatte der Staatsvertrag zwischen Italien und der Schweiz vom 15. Oktober 1869, dem das Deutsche Reich an Stelle des Norddeutschen Bundes mit Übereinkunft vom 28. Oktober 1871 beigetreten war, der Schweiz mehrfache Verpflichtungen für den Bau und Betrieb der Gotthardbahn auferlegt und außerdem bestimmt, daß für den Fall, daß die an die Aktien der Gotthardbahn zu verteilende Dividende 7 % übersteigen sollte, die Hälfte des Überschusses als Zins unter die Subventionsstaaten im Verhältnis ihrer Subsidien zu verteilen sei. Die Schweiz war der Ansicht, daß die durch den genannten Staatsvertrag übernommenen Verpflichtungen sie nicht hindern können, den Rückkauf der Gotthardbahn auf Grund der von den Kantonen und dem Bunde erteilten Konzessionen von sich aus durchzuführen, wobei als selbstverständlich angenommen wurde, daß der Bund als Rückkäufer die Verbindlichkeiten des Staatsvertrages auch seinerseits genau einzuhalten habe, und daß die Berechtigung auf den etwaigen Bezug eines Dividendenüberschusses in billiger Weise abzulösen sei. Deutschland und Italien vertraten dagegen den Standpunkt, die Schweiz bedürfe zur Durchführung der Verstaatlichung der Gotthardbahn ihrer Zustimmung, da diese eine Änderung des Staatsvertrages zur Folge habe, die nur mit allseitiger Zustimmung vorgenommen werden könne.

Zur Herbeiführung einer Verständigung wurde eine Konferenz von Vertretern der drei Staaten nach Bern einberufen, die sich dahin einigte, die bestrittenen rechtlichen Gesichtspunkte vorerst nicht zu erörtern, sondern einen neuen Staatsvertrag zu vereinbaren, der den durch den Rückkauf der Gotthardbahn geänderten Verhältnissen Rechnung tragen und die danach fortbestehenden Verpflichtungen der Schweiz neu formulieren solle. Nach längeren Verhandlungen, die vom 24. März bis zum 19. April 1909 dauerten, kam eine Einigung zustande. Im neuen Staatsvertrag und im zugehörigen Schlußprotokoll vom 19. April 1909 sind die den Bau der Gotthardbahn und die Leistung von Subventionen betreffenden Bestimmungen des früheren Vertrages weggelassen, weil sie längst vollzogen sind. Bestätigt werden dagegen die wegen des Betriebes übernommenen Verpflichtungen, mit der aus dem alten Vertrag abzuleitenden Ausdehnung auf das gesamte Netz der Bundesbahnen. Der Betrieb der Gotthardbahn hat den Anforderungen zu entsprechen, die man an eine große internationale Linie zu stellen berechtigt ist; er ist namentlich gegen jede Unterbrechung zu sichern, Fälle höherer Gewalt vorbehalten. Immerhin ist die Schweiz berechtigt, die erforderlichen Maßnahmen zur Aufrechterhaltung der Neutralität und zur Verteidigung des Landes zu treffen. Zur Erleichterung des Verkehrs zwischen Deutschland und Italien ist eine möglichst regelmäßige, bequeme, rasche und wohlfeile Beförderung der Reisenden, der Güter und der Postgegenstände zugesichert. Die Züge der Bundesbahnen sollen an die Deutschlands und Italiens möglichst ohne Unterbrechung anschließen. Die Schweiz wird mit den deutschen und den italienischen Bahnen für den Transit über den Gotthard einen direkten Verkehr einrichten. Dem Verkehr über den Gotthard sollen dieselben Grundtaxen und dieselben Vorteile gewährt werden, die von den Bundesbahnen zurzeit oder künftig einer schon bestehenden oder später gebauten Eisenbahn über die Alpen zugestanden werden. Für die Beförderung von Personen und Gütern von Deutschland und Italien nach diesen beiden Ländern sowie durch diese verpflichtet sich die Schweiz, daß die Bundesbahnen den deutschen und italienischen Bahnen mindestens die gleichen Vorteile und Erleichterungen gewähren, die sie anderen Bahnen außerhalb der Schweiz oder den schweizerischen Grenzstationen zugestehen. Die Bundesbahnen dürfen auch mit anderen schweizerischen Bahnen in keine Vereinbarung eintreten, durch die dieser Grundsatz verletzt würde, d. h. sie dürfen mit anderen schweizerischen Bahnen keine Abmachung treffen, durch die sie auf ihren Linien niedrigere als die im Durchgangsverkehr über den Gotthard angewandten Grundtaxen zugestehen. Immerhin sind die Bundesbahnen berechtigt, ihre Transittaxen ausnahmsweise zu ermäßigen, wenn sie infolge der ausländischen Konkurrenz dazu gezwungen sind. Doch dürfen solche Maßnahmen den Gotthardverkehr nicht benachteiligen. Die Bundesbahnen sind ferner verpflichtet, die zurzeit für den Verkehr der deutschen und italienischen Güter über den Gotthard bestehenden schweizerischen Transittaxen nicht zu erhöhen, solange die deutschen oder die italienischen Bahnen ihre für diese Verkehre gegenwärtig geltenden Taxen nicht erhöhen. Die zugelassenen Erhöhungen dürfen nur auf Güter gleicher Art Anwendung finden; die Bundesbahnen sind berechtigt, ihre Transittaxen ohne weiteres von sich aus zu erhöhen, sofern Deutschland oder Italien ihre Exporttaxen erhöhen; für die übrigen Fälle ist eine besondere Verständigung der Bundesbahnen mit den deutschen oder italienischen Bahnen vorgesehen. Vorbehalten bleibt die infolge der Herabsetzung der Bergzuschläge notwendige Neuregelung der infolge der ausländischen Konkurrenz ausnahmsweise ermäßigten Transittaxen. Die gleiche Verpflichtung besteht bei den für den direkten italienisch-schweizerischen Verkehr über den Gotthard bestehenden Transittaxen. Die Bundesbahnen haben ferner ihre gegenwärtigen oder zukünftigen Transittaxen für den Güterverkehr über den Gotthard in der Weise zu gewähren, daß diese Taxen für alle schweizerischen Grenzstationen, gleichviel, ob sich diese auf dem kürzesten Wege befinden oder nicht, angewendet werden. Diese Bestimmung bezieht sich auf den Verkehr zwischen Deutschland und Italien und umgekehrt, und zwar namentlich auf die Transporte, für die der kürzeste Weg über den Bodensee, der billigste jedoch über den Landweg führt.

Laut Staatsvertrag von 1869 war die Gotthardbahn berechtigt, für Bahnstrecken mit Steigungen von 15 ‰ und darüber einen Zuschlag zu den gewöhnlichen Taxen zu erheben; wenn jedoch die Zinsen des Aktienkapitals 9 % (seit 1878 8 %) übersteigen, war die Gesellschaft zur Herabsetzung der Taxen, und zwar in erster Linie der Zuschlagstaxen verpflichtet. Diese sogenannten Bergzuschläge wurden in der Form der Berechnung von Tarifkilometern durchgeführt, und zwar wurden sie für die Strecke Erstfeld—Chiasso auf 64 km und für die Strecke Erstfeld—Pino auf 50 km festgesetzt. Um den Eintritt der Voraussetzungen, die für die im alten Vertrage vorgesehene Herabsetzung der Taxen und namentlich der Bergzuschläge maßgebend waren, feststellen zu können, muß für das Netz der Gotthardbahn auch nach der Verstaatlichung getrennte Rechnung geführt werden; das ist möglich, jedoch mit Weiterungen verbunden, indem namentlich die Zuteilung anderer Linien außer der Gotthardbahn zum Kreise V der Bundesbahnen und damit eine gleichmäßigere Gestaltung der Kreise gehemmt ist. Es wurde daher für zweckmäßig erachtet, die Herabsetzung der Bergzuschläge ein für allemal zu ordnen, so daß die getrennte Rechnungsführung für die Zukunft vermieden werden kann. Diese Herabsetzung der Bergzuschläge wurde gleichzeitig als Gegenleistung erachtet für den Verzicht der Subventionsstaaten auf eine etwaige Superdividende bei einem 7 % übersteigenden Ertrage der Gotthardbahn. Nach längeren Erörterungen wurde vereinbart, die Herabsetzung, die für das Gotthardbahnnetz einen ganz erheblichen Einnahmeausfall zur Folge haben wird, in zwei Perioden durchzuführen, und zwar um 35 % vom 1. Mai 1910 an und um 50 % vom 1. Mai 1920 an; damit wird der Tarifkilometerzuschlag für Erstfeld—Chiasso auf 42 und 32 km und für Erstfeld—Pino auf 33 und 25 km ermäßigt. Der Schweiz ist das Recht gewahrt, eine neue Vereinbarung über diese Herabsetzung zu verlangen, wenn infolge von zurzeit nicht vorauszusehenden Ereignissen (wie z. B. Ausfuhrverbot für Kohlen, außerordentliche Preissteigerung für die Kohlen) das gegenwärtige Gotthardbahnnetz die Betriebsausgaben zuzüglich der Verzinsung und Tilgung des darin angelegten Kapitals sowie der reglementarischen Rücklagen in den Erneuerungsfonds nicht mehr aufzubringen vermöchte. Beim Wegfall dieser außerordentlichen Verhältnisse ist die Erhöhung wieder aufzuheben. Höhere als die zurzeit bestehenden Taxzuschläge dürfen nie angewendet werden. Bei Einführung einer solchen Erhöhung ist die Meistbegünstigungsklausel gegenüber anderen Alpenbahnen zu beachten.

Die Schweiz hat noch die Erklärung abgegeben, daß für den Fall der Einführung des elektrischen Betriebes auf der Gotthardbahn die Bundesbahnen laut bestehender Übung für Materiallieferungen einen allgemeinen, der Industrie aller Länder zugänglichen Wettbewerb eröffnen werden; bei den anderen Materialbestellungen für die Gtothardbahn soll die gegenwärtige Übung der Bundesbahnen ebenfalls beibehalten werden.

Einem Wunsche Deutschlands und Italiens entsprechend erklärte sich die Schweiz ferner bereit, die Beamten und Arbeiter deutscher und italienischer Nationalität, die infolge des Rückkaufs aus dem Dienst der Gotthardbahn in den der Bundesbahnen übertreten, unter Beachtung der bestehenden gesetzlichen Vorschriften, in ihren Stellen zu lassen, ohne daß sie die schweizerische Nationalität annehmen müssen.

Für den Fall, daß zwischen den vertragschließenden Parteien über die Auslegung oder die Anwendung des Vertrages Meinungsverschiedenheiten entstehen sollten, ist schiedsgerichtliche Entscheidung vorgesehen. Die Einrichtung des Schiedsgerichtes und die Festsetzung des Verfahrens sollen auf die einfachste Weise vor sich gehen. Die Verständigung über die Ernennung des Schiedsrichters hat auf diplomatischem Wege zu erfolgen, im Falle der Nichteinigung durch eine neutrale Regierung.

Dieser neue Staatsvertrag ist unter dem Vorbehalte der Ratifikation durch die Parlamente am 13. Oktober 1909 unterzeichnet worden: er sollte am 1. Mai 1910 in Kraft treten mit Rückwirkung auf den 1. Mai 1909.

Als Anhang zu diesem Vertrage ist am 20. April 1909 ein besonderes Übereinkommen zwischen Italien und der Schweiz abgeschlossen worden, um einige nur diese beiden Staaten betreffende Punkte zu ordnen. Es wurde festgestellt, daß für die in den Lagerhäusern der Gotthardbahn in Brunnen eingelagerten und von dort über das Gotthardbahnnetz hinaus im Lauf eines Jahres reexpedierten Getreidetransporte auch künftig die direkten für den Verkehr über Brunnen hinaus geltenden italienisch-schweizerischen Taxen Anwendung finden, und die Transporte somit die dem italienisch-schweizerischen Transitverkehr über den Gotthard zugestandenen Erleichterungen genießen werden. Ferner ist festgestellt, daß die Vorschriften des schweizerischen Tarifgesetzes für die Bundesbahnen auch für den Personen- und Güterverkehr zwischen Italien und der Gotthardbahn gelten; dabei ist verstanden, daß die derzeit auf der Gotthardbahn geltenden Zuschlagstaxen auch für diesen Verkehr nicht erhöht werden. Endlich ist Italien die besondere Begünstigung eingeräumt worden, daß für die Südfrüchte (agrumi) ein neuer Ausnahmetarif mit Herabsetzung der Grundtaxe für die Tonne und das Tarifkilometer von 11 Cts. auf 7,4 Cts. erstellt und schon auf den 1. November 1909 eingeführt werden soll. Die bestehende Taxe von 6,5 Cts. für diese Transporte im Durchgangsverkehr über die Gotthardbahn wird beibehalten.

Die Genehmigung dieses Staatsvertrages durch die Parlamente stieß auf unerwartete Schwierigkeiten. Von den Staatsregierungen war die Ratifikation allerdings so rechtzeitig beantragt worden, daß die Einhaltung der im Vertrage vorgesehenen Fristen möglich war. Die Botschaft des schweizerischen Bundesrates an die Bundesversammlung datiert vom 9. November 1909, die Denkschrift des deutschen Reichskanzlers an den Reichstag vom 15. Februar 1910 und der Gesetzentwurf des Ministers der auswärtigen Angelegenheiten im Einvernehmen mit dem Finanzminister, dem Minister der öffentlichen Arbeiten und dem Minister für Landwirtschaft, Industrie und Handel an die italienische Abgeordnetenkammer vom 3. Mai 1910. Die Zustimmung erfolgte aber bisher nur durch den Deutschen Reichstag mit Beschluß vom April 1910. In Italien und in der Schweiz wurde der Vertrag durch die Presse lebhaft angegriffen; eine Agitation durch Vereine und öffentliche Versammlungen wurde eingeleitet und Streitschriften zu seiner Bekämpfung veröffentlicht. Da der Vertrag eine billige Ausgleichung der widersprechenden Interessen bezweckte und daher nicht einseitig nur dem einen Teile alle Vorteile zuwenden konnte, war es nicht schwer, einzelne Punkte herauszugreifen und als besondere Ansprüche nicht erfüllend zu bekritteln. Als die Behandlung des Vertrages durch das italienische Parlament verzögert wurde, indem die vorberatenden Kommissionen nicht zum Abschluß kamen, wurde auch die Beratung der Vorlage durch die schweizerische Bundesversammlung vertagt. Die Angelegenheit blieb bis Ende 1911 ungelöst; die bereits vorbereitete Neuerstellung der Tarife für den deutsch-italienischen Güterverkehr mußte verschoben werden; für das alte Gotthardbahnnetz, jetzt Kreis V der Bundesbahnen, wurde der getrennte Betrieb beibehalten, um eine getrennte Rechnungsführung zu ermöglichen. Alle Unannehmlichkeiten eines provisorischen Zustandes blieben bestehen. Auf die Betriebsführung hatten diese Verhältnisse allerdings nur geringen Einfluß, indem der Kreis V als solcher nach dem Rückkaufsgesetze ebenso verwaltet wird wie die anderen Kreise. Ein vom Bundesrat durch Beschluß vom 4. Dezember 1908 angeordneter Versuch, die Kreisdirektion V durch ein einziges Mitglied leiten zu lassen, bewährte sich nicht; auf Veranlassung der Bundesversammlung wurde er am 8. Februar 1910 wieder aufgegeben, und seither erfolgt der Betrieb nach den gesetzlichen Vorschriften.

Mit dem Rückkaufe der Gotthardbahn ist die erste Periode der Verstaatlichung abgeschlossen. Es liegt nahe, die Frage aufzuwerfen, ob der auf dem Wege des freihändigen Ankaufes bezahlte Preis den Voraussetzungen der Botschaft des Bundesrates über den Rückkauf der schweizerischen Hauptbahnen vom 25. März 1897 entsprochen habe. Wie diese angenommen hatte, waren die Schweizerische Centralbahn (S. C. B.), die Vereinigten Schweizerbahnen (V. S. B.) und die Gotthardbahn (G. B.) auf Grundlage des kapitalisierten Reinertrages zurückzukaufen, die Jura-Simplon-Bahn (J. S.) und die Schweizerische Nordostbahn (N. O. B.) dagegen nach dem Anlagekapital.

Da beim Erlaß der Botschaft die Betriebsergebnisse nur bis und mit 1895 genau bekannt waren, mußten die späteren, nach der Konzession in Betracht kommenden Betriebsjahre geschätzt werden. Für die Berechnung des Reinertrages kamen die auf den Betrieb des Transportgeschäftes in allen seinen Zweigen sich beziehenden Einnahmen und Ausgaben in Betracht, für die Berechnung des Anlagekapitals die das Baukonto belastenden Kapitalaufwendungen, die Ausgaben für die im Bau befindlichen Linien und Objekte, die voraussichtlichen Bauausgaben bis zum konzessionsgemäßen Übergang der Bahnen an den Bund und die Materialvorräte. Als Abzug für den materiellen Minderwert der Rückkaufsobjekte wurden 80 % der Bestände der Erneuerungsfonds in Rechnung gestellt und weitere Abzüge für unzureichende oder fehlende Einrichtungen allgemein vorbehalten, ohne daß man ihnen ziffermäßig Ausdruck gegeben hätte.

Die Rückkaufsbotschaft berechnete nun diese konzessionsgemäßen Werte in Franken, je auf Tausend abgerundet, wie folgt:

	J. S.	S. C. B.	N. O B.	V. S. B.	G. B.
Reinertrag	—	190 994 000	—	89 980 000	183 294 000
Anlagekapital	310 561 000	—	263 876 000	—	—
Abzüge für Minderwert .	22 407 000	13 636 000	19 442 000	8 121 000	10 923 000
Rückkaufssumme nach der Botschaft	288 154 000	177 358 000	244 434 000	81 859 000	172 371 000
Rückkaufssumme nach den abgeschlossenen Verträgen	335 969 000	184 970 000	254 350 000	84 994 000	204 844 000
Der bezahlte Rückkaufspreis war daher höher als die Schätzung um	47 815 000	7 612 000	9 916 000	3 135 000	32 473 000

Die Differenz für die fünf Hauptbahnen zusammen beträgt 100 951 000 Franken. Dieser Summe steht gegenüber die Wertvermehrung, die bis zur Übernahme durch den Bund in den für den konzessionsgemäßen Rückkauf maßgebenden Faktoren eingetreten ist. Sie ergibt sich aus folgenden Ziffern:

Kapitalisierter Reinertrag.

		S. C. B.	V. S. B.	G. B.
Rückkaufsrechnung	Frcs.	194 567 000	95 288 000	212 500 000
Schätzung der Botschaft .	„	190 994 000	89 980 000	183 294 000
Mehrwert	Frcs.	3 573 000	5 308 000	29 206 000

Anlagekapital.

		J. S.	N. O. B.
Bestand auf 1. Januar 1901	Frcs.	—	267 850 000
„ „ 1. Januar 1903	„	354 726 000	—
Schätzung der Botschaft	„	310 561 000	263 876 000
Mehrwert	Frcs.	44 165 000	3 974 000

Der höheren Rückkaufssumme von 100 951 000 Frcs. entspricht somit ein Mehrwert des kapitalisierten Reinertrages bei Centralbahn, Vereinigten Schweizerbahnen und Gotthardbahn im Betrage von 38 087 000 Frcs. und ein Mehrwert an Anlagekapital bei Jura-Simplon-Bahn und Nordostbahn im Betrage von 48 139 000 Frcs., zusammen ein Mehrwert der gemäß

Konzession zu übernehmenden Objekte von 86 226 000 Frcs. Der verbleibende Unterschied von 14 725 000 Frcs. beträgt somit nur 1,41 % von der Bilanzsumme der konzessionsgemäßen Objekte der fünf verstaatlichten Bahnen bei ihrer Übernahme durch den Bund, die rund 1 043 834 000 Frcs. ausmacht.

Beim freihändigen Rückkaufe wurden außer den konzessionsgemäßen Werten auch noch andere Werte der verstaatlichten Bahnen übernommen, die selbstverständlich besonders vergütet werden mußten. Es sind folgende, unter dem Bilanzposten „Verfügbare Mittel" aufgeführten Werte: Kassa, Wechsel- und Bankguthaben, Wertschriften, entbehrliche Liegenschaften und verschiedene Debitoren, sowie die Beteiligungen an Nebengeschäften, wovon in Abzug kommen die übernommenen schwebenden Schulden, gemäß folgender Aufstellung:

	J. S.	S. C. B.	N. O. B.	V. S. B.	G. B.	zusammen
Aktivposten . Frcs.	45 942 000	22 682 000	21 036 000	6 824 000	3 777 000	100 261 000
Passivposten . „	20 569 000	20 781 000	9 565 000	6 343 000	3 527 000	60 785 000
Mehrwert. . . „	25 373 000	1 901 000	11 471 000	481 000	250 000	39 476 000

Anderseits wurden die konsolidierten Anleihen der zurückgekauften Bahnen vom Bund übernommen und ihr Betrag mit dem Rückkaufspreise verrechnet, und zwar bei: J. S. 256 155 000; S. C. B. 119 492 000; N. O. B. 194 632 000; V. S. B. 43 403 000; G. B. 117 090 000; zusammen 847 862 000 Franken. Zu bezahlen waren sodann noch 18 635 000 Frcs. als Vergütung für die Übergabe einzelner Linien vor dem konzessionsgemäßen Rückkaufstermin und als Aufgeld für die Übernahme niedrig verzinslicher Anleihen, abzüglich Disagio auf hochverzinslichen.

Vom Rückkaufspreise wurden in Abzug gebracht die Beträge der versicherungstechnischen Fehlbeträge der Pensions- und Hilfskassen; diese Summen mußten jedoch in die betreffenden Kassen eingeworfen werden, so daß sie für den Bund keine Minderausgabe darstellen. Diese Beträge waren bei: J. S. 4 500 000; S. C. B. 1 378 000; N. O. B. 1 446 000; V. S. B. 1 782 000; G. B. 4 004 000; zusammen 13 110 000 Frcs.

Es ist nicht zu übersehen, daß außer den oben nachgewiesenen Mehrwerten bis zum Zeitpunkte der Übernahme durch den Bund gegenüber den Schätzungen der Botschaft auch zugenommen haben der Mehrwert des Anlagekapitals bei S. C. B., V. S. B. und G. B. zusammen um 6 131 000 Frcs., sowie der kapitalisierte Reinertrag bei der Jura-Simplon-Bahn um etwa 22 700 000 Frcs. und bei der Nordostbahn um 12 733 000 Frcs. Die oben ausgerechnete kleine Differenz ist somit tatsächlich mehr als ausgeglichen.

Infolge der seit dem Erscheinen der Rückkaufsbotschaft eingetretenen tatsächlichen Wertvermehrung haben allerdings die Aktionäre der verstaatlichten Bahnen bedeutend höhere Liquidationsbetreffnisse erhalten, als vorausgesehen war. Das war ihr gutes Recht und bedeutet keineswegs eine Benachteiligung des Bundes, der nur mehr bezahlen mußte, weil er mehr erhalten hat. Die Berechnungen der Rückkaufsbotschaft haben sich somit vollständig bewährt.

II.

Zehn Jahre Staatsbetrieb.

Der Abschluß des Vergleiches mit der Gotthardbahngesellschaft über die Festsetzung der Rückkaufsentschädigung ist zehn Jahre nach dem Amtsantritte der Generaldirektion der Bundesbahnen erfolgt. Der Beginn dieser ersten Jahre der Verstaatlichung fiel mit einer außerordentlich günstigen Verkehrsentwicklung zusammen und bot der Verwaltung die Möglichkeit, im öffentlichen Interesse neben den gesetzlich festgelegten Tarifermäßigungen ganz wesentliche Fahrplanverbesserungen und eine Reihe von Erweiterungsbauten (Anlage von Doppelgleisen, Bahnhofumbauten usw.) durchzuführen; es blieb ihr aber später eine Krisis, veranlaßt durch einen Rückgang des Verkehres und eine allzu große Ausgabenvermehrung, nicht erspart. Der Beweis ist seither geleistet worden, daß es möglich war, im Rahmen der bestehenden Organisation die erforderlichen Maßnahmen zu treffen, um das finanzielle Gleichgewicht wieder herzustellen und zudem die Mittel für die bedeutende Ausgabensteigerung, die aus der Erhöhung der Gehälter und Löhne für das Personal erwächst, zu sichern.

Im Anschlusse an die früheren Mitteilungen im Archiv (Jahrgänge 1904 und 1905) berichten wir über die wichtigeren Fragen, die während der zehnjährigen Periode die Verwaltung der Bundesbahnen beschäftigten.

1. Eisenbahnpolitische Fragen.

Mit der Übernahme der Jura-Simplon-Bahn ist der Bund in ihre Bauverpflichtungen zur Erstellung des Simplontunnels eingetreten[1]). Die Konzession für die Bahnstrecke auf italienischem Gebiet war auf Grundlage des Staatsvertrages vom 25. November 1895 zwischen der Schweiz und Italien der Jura-Simplon-Bahn durch die Übereinkunft vom 22. Februar 1896 über Bau und Betrieb einer Eisenbahn durch den Simplon von der

---

[1]) Archiv, Jahrgang 1904, Seite 1286/1289.

italienisch-schweizerischen Grenze bei Iselle und das zugehörige Pflichtenheft, ergänzt und teilweise abgeändert durch die Übereinkunft vom 2. Dezember 1899 zwischen der Schweiz und Italien, erteilt worden. Die Übertragung der Konzession auf den Bund als Rechtsnachfolger der Jura-Simplon-Bahn erforderte längere Verhandlungen; eine Konferenz in Rom im Januar 1903 bereitete den Abschluß der Übereinkunft zwischen Italien und der Schweiz vom 16. Mai 1903 vor, betreffend die Übertragung der von der italienischen Regierung der Jura-Simplon-Bahn erteilten Konzession für den Bau und Betrieb der Simplon-Bahn an die schweizerische Eidgenossenschaft, die von den Parlamenten Italiens und der Schweiz genehmigt wurde. Auf Grund dieser Staatsverträge haben die Verwaltungen der italienischen Staatsbahnen und der schweizerischen Bundesbahnen am 19. Februar 1906 Vereinbarungen getroffen über den Betrieb des internationalen Bahnhofes in Domodossola und über den Betrieb der Bahnstrecke von diesem Bahnhof bis zur Station Iselle durch die Bundesbahnen.

Der Bau der ersten Tunnels wurde im Frühjahr 1906 vollendet und die neue internationale Linie am 1. Juni 1906 dem Betrieb übergeben, nachdem das Ereignis Ende Mai und anfangs Juni in der Schweiz und in Italien mit großartigen Eröffnungsfesten gefeiert worden war, die in Lausanne, Genf, Sitten, Mailand und Genua stattfanden. Schon am 19. Mai hatte der König von Italien durch einen Besuch in Brig und Domodossola dem Unternehmen seine Sympathie bezeugt.

Der Versuch des elektrischen Betriebes der Tunnelstrecke ist gut gelungen. Der Personenverkehr war von Anfang an befriedigend, während der Güterverkehr trotz einer kleinen, anhaltenden Steigerung noch immer sehr zu wünschen übrig läßt (vgl. die Betriebsergebnisse auf Seite 23). Dessenungeachtet wird von der beteiligten schweizerischen Landesgegend und von Italien energisch auf den Ausbau des zweiten Tunnels gedrungen, der das zweite Gleise aufzunehmen hat. Die Bundesbahnverwaltung hat die zum Bau verpflichtete Baufirma, die Baugesellschaft für den Simplontunnel Brandt, Brandau & Comp. in Winterthur zur Ausführung angehalten; deren Weigerung führte zu einem Rechtsstreite, der zurzeit vor dem Bundesgericht geführt wird. Inzwischen sind von den Bundesbahnen alle Vorbereitungen getroffen worden, um die Ausschreibung der Bauarbeiten vorzunehmen und die Ausführung, wenn nötig, einer neuen Unternehmung zu übertragen. Die Schwierigkeiten liegen auf technischem und finanziellem Gebiet, indem die Bauunternehmung es für unmöglich erklärt, das Risiko für Ausführung des zweiten Tunnels nach dem Bauprogramm des Vertrages vom 15. April 1898 ohne Gefährdung des ersten Tunnels zu übernehmen, und ferner den in einem Nachtrag zum Bauvertrage vom 9. Oktober 1903 vereinbarten Kostenbetrag als viel zu niedrig bezeichnet.

Abgesehen von dieser Baufrage hat der Bau des Simplontunnels den Bundesbahnen eine Reihe wichtigster eisenbahnpolitischer Fragen gebracht. Es sind die Zufahrtslinien zum Simplon, die die Bundesbehörden mehrfach und intensiv beschäftigt haben. Seit langer Zeit bestanden die Bestrebungen für eine kürzere Verbindung des Simplons und des Genfer Sees mit Paris, die man durch eine Abkürzungslinie durch den Mont d'Or bei Vallorbe zu erreichen hoffte. Diesem Projekt (Frasne—Vallorbe) wurde in neuerer Zeit die Faucillebahn, mit Ausmündung auf Genf, entgegengesetzt. Es entwickelte sich ein lebhafter Interessenkampf zwischen den Kantonen Waadt und Genf. Als dritter Konkurrent kam der Kanton Bern dazu, der, unterstützt von der französischen Ostbahn, eine kürzere Verbindung für den Norden und Nordosten Frankreichs mit dem Simplon durch den Bau einer Abkürzungslinie Münster—Grenchen in Verbindung mit der in Ausführung begriffenen Lötschbergbahn erreichen wollte. Diese Bestrebungen bilden nach mehrfacher Richtung eine ernstliche Konkurrenz für die Bundesbahnen, die ihre Interessen nach Möglichkeit zu wahren suchten. Nach langen Verhandlungen wurde der Staatsvertrag zwischen Frankreich und der Schweiz über die Zufahrtslinien zum Simplon vom 18. Juni 1909 abgeschlossen, der am 29. Dezember 1909 durch Frankreich und am 30. Dezember 1909 durch die Schweiz ratifiziert worden ist.

Die Verhandlungen über diesen Vertrag hatten schon im Jahre 1908 begonnen; das für die in Bern zusammengetretene internationale Konferenz zwischen den Regierungen Frankreichs und der Schweiz vereinbarte Programm war in einer offiziellen Note vom Februar 1908 festgelegt. Von beiden Teilen wurde anerkannt, daß die Interessen beider Länder vollständige Befriedigung erhalten durch eine Lösung, die einerseits die Erstellung einer Abkürzungslinie von Frasne nach Vallorbe durch den Mont d'Or und andererseits den Bau einer neuen Bahn von Lons-le-Saunier nach Genf durch die Faucille in Aussicht nehme; die gleichzeitige Ausführung beider Linien erscheine allerdings nicht notwendig. Die Note sah ferner vor: den Rückkauf des der Gesellschaft der Paris-Lyon-Mittelmeerbahn gehörenden Bahnhofes Genf-Cornavin und der Linie Genf-La Plaine durch die Schweiz oder durch den Kanton Genf, die Verpflichtung der Schweiz zum Bau einer Verbindungsbahn zwischen den Genfer Bahnhöfen Cornavin und Eaux-Vives für den Fall des Baues der Faucillebahn (die Kosten der Verbindungsbahn fallen ausschließlich zu Lasten der Schweiz, ebenso die des Stückes der Faucillebahn, das auf schweizerischem Gebiet liegt; an das französische Stück hat sie keinen Beitrag zu leisten), eine Verständigung über die Teilung des französischen Verkehrs nach dem Simplon zwischen den Linien auf dem rechten und auf dem linken Ufer des Genfer Sees, das

Studium der Abkürzungslinien auf schweizerischem Gebiet, die sich aus der Herstellung der Linie Frasne—Vallorbe auf Grundlage des zwischen der Jura-Simplon-Bahn und der Paris-Lyon-Mittelmeerbahn abgeschlossenen Vertrages vom 14. Oktober 1902 unter Berücksichtigung inzwischen eingetretener Preiserhöhungen ergeben. Am Schlusse des Programmes wurden noch erwähnt „alle anderen mit ihm in Verbindung stehenden Fragen“, ohne daß über solche etwas Näheres bemerkt worden wäre.

Auf Grund dieses Programmes, das im Prinzip die Gleichberechtigung der beiden Projekte Frasne—Vallorbe und Faucille anerkannte, begannen am 16. März 1908 die Verhandlungen. In Genf waren die Hoffnungen nicht kleiner als in Lausanne, wenn auch die Linie Frasne—Vallorbe die historische Priorität besaß. Der Bundesrat gab seinen Delegierten Instruktionen im Sinne der offiziellen Note; sie sollten in gleicher Weise für Frasne—Vallorbe wie für das Faucille-Projekt eintreten. Die Vertretung Frankreichs dagegen versuchte zuerst die Faucille-Linie aus ihrer parallelen Stellung zu Frasne—Vallorbe wegzurücken und eine andere Gegenleistung der Schweiz für Frasne—Vallorbe vorzuschlagen, eine Abkürzungslinie M ü n s t e r—G r e n c h e n , die in der Folge immer mehr in den Mittelpunkt der Verhandlungen trat und schließlich ihre Vertagung nötig machte.

Formell begründete Frankreich die Aufwerfung der Frage Münster—Grenchen damit, es sei dies eine der im Programm vorbehaltenen, mit den anderen in Verbindung stehenden Fragen. Diese Forderung eines neuen Juradurchstiches hatte ihre Bedeutung für die Frage der Zufahrtslinien zum Simplon allerdings nicht erst in den kurzen Wochen zwischen der Vereinbarung der offiziellen Note und dem Beginn der Konferenz von 1908 erlangt; sie war vielmehr von langer Hand vorbereitet und in den offiziellen Kreisen des Kantons Bern wohl bekannt, da sie im Interesse der Lötschbergbahn lag.

Eine Ablehnung der Forderung Frankreichs wurde mit Rücksicht auf die übrigen Konferenzpunkte als untunlich erachtet. Dazu kam, daß der Bund die Lötschbergbahn zum Zwecke der Herstellung der Doppelspur im Tunnel mit 6 Millionen unterstützt und damit die eidgenössischen Interessen mit dem Schicksal des bernischen Alpendurchstiches verbunden hatte. Die Verkehrsteilung zwischen dieser nördlichen Zufahrtslinie zum Simplon und den Bundesbahnen mußte für die letzteren allerdings eine bedeutende Schädigung bringen, da der vermehrte Verkehr, den die französische Ostbahn bringen soll, den Ausfall nicht wettmachen kann. Für den Kanton Bern bedeutete die Sicherung des neuen Juradurchstiches mit der vorausgegangenen Vereinbarung über die Verkehrsteilung zwischen Münster—Grenchen und den Bundesbahnen einen eisenbahnpolitischen Erfolg. Allerdings mußte die direkte Fortsetzung von Münster—Grenchen nach Dotzingen

(—Lyß—Bern) aufgegeben werden; Verhandlungen hierüber sollen erst wieder aufgenommen werden, wenn es beide Regierungen verlangen. In der Folge ist die Linienführung Münster—Grenchen in eine solche Münster—Lengnau (—Biel) abgeändert worden.

Der Vertrag über die Zufahrtslinien regelt nun vorerst die Zufahrtslinie Frasne—Vallorbe und die mit ihr zusammenhängenden Fragen, sodann die Lötschbergzufahrt Münster—Lengnau und endlich die genferischen Eisenbahnfragen: Faucille, Rückkauf des Bahnhofes Genf-Cornavin und der Strecke Genf—La Plaine, die Verbindungsbahn zwischen den Genfer Bahnhöfen Cornavin und Eaux-Vives, die Frage der Verkehrsteilung und der Tarife.

Von den verschiedenen Projekten ist die Linie Frasne—Vallorbe im Bau begriffen. Die Entfernung Paris—Dijon—Pontarlier—Vallorbe—Lausanne—Mailand beträgt 850 km, 50 km weniger als Paris—Mailand über Basel-Gotthard und 99 km weniger als über die französische Hauptdurchgangslinie Paris—Mailand über den Mont-Cenis. Die alte Linie Paris—Lausanne über Pontarlier besitzt zudem eine Steigung bis zu 25 ‰, ihr höchster Punkt beträgt 1 014 m, starker Schneefall bringt jeden Winter Unterbrechungen des Betriebes. Diesen Nachteilen soll durch eine Abkürzung der Linie um etwa 17 km, eine Herabsetzung des höchsten Punktes auf 897 m über Meer und der Maximalsteigung auf 13 ‰ begegnet werden.

Die Bauarbeiten erfolgen unter den Bedingungen des seinerzeit zwischen der Jura-Simplonbahn und der P. L. M. abgeschlossenen Vertrages, abgeändert durch den zwischen den Bundesbahnen und der P. L. M. vereinbarten Nachtrag vom 7./8. Juni 1909. Der Bundesrat hat von Anfang an gegenüber dem Frasne-Vallorbe-Projekt eine wohlwollende Haltung eingenommen; schon in seiner Botschaft vom 9. Oktober 1902 über die Konzessionierung des auf schweizerischem Gebiete gelegenen Teilstückes der abgekürzten Linie sind die Gegenleistungen an die P. L. M. besprochen: der Umbau der Station Vallorbe zu einem internationalen Bahnhof und die Legung des zweiten Gleises auf der Strecke Vallorbe—Daillens. Die Doppelspur ist durch die Bundesbahnen bereits ausgeführt worden, die Bahnhoferweiterung Vallorbe in Ausführung begriffen. Mit Rücksicht auf die große Bedeutung, die der ohne jegliche Beihilfe Frankreichs gebaute Simplontunnel für dieses Land besitzt, kommt es sehr vorteilhaft zu einer wertvollen Zufahrtslinie. Abgelehnt wurde dessen weiteres Begehren, von Vallorbe eine zweite, doppelspurige Linie nach Bussigny zu bauen. Auf diese Sache ist erst wieder zurückzukommen, wenn beide Regierungen es verlangen.

Da Frasne—Vallorbe die kürzeste Linie zwischen Paris und Mailand bildet, so hat diese Linie jedenfalls Aussicht auf einen starken Personenverkehr. Eine nicht zu unterschätzende Bedeutung hat sie auch für Genf. Die vorgesehene Wiederherstellung der Abkürzung Bussigny—Morges bei der

Einführung direkter Züge Paris—Genf wird nicht nur dem internationalen Verkehr zwischen Frankreich und dem Genfer See förderlich sein, sondern auch dem Verkehr Genf—Basel und Ostschweiz und umgekehrt zum Vorteil gereichen. Die Hoffnungen Genfs auf eine vertragliche Sicherung der Faucille-Linie sind dagegen nicht in Erfüllung gegangen. Mit dem Momente, da Frankreich Münster—Grenchen forderte, war das Schicksal der Faucille im Simplonvertrag entschieden. Frankreich hat nicht nur die erste Forderung der Schweiz abgelehnt, sich innerhalb einer Frist von 20 Jahren zum Bau der Faucille zu verpflichten, es hat sich ebenso entschieden geweigert, für die Herstellung dieser Linie dann besorgt zu sein, wenn der Nachweis der erfolgten Finanzierung erbracht sei; es hat überhaupt keine bestimmte Verpflichtung eingegangen. Es sind nur die Vorbedingungen geordnet für den Fall, daß die Faucillebahn einst verwirklicht werden soll: die Verbindungsbahn zwischen den Bahnhöfen in Genf ist zugesichert, die Betriebsfage geregelt, die Tarifpolitik geordnet, die Verkehrsteilung vorgesehen. Unabhängig von der Faucillefrage ermöglicht der Vertrag im weiteren auch den freihändigen Rückkauf des Bahnhofes Cornavin und der Linie der P. L. M. von Genf bis zur Grenze. Die Möglichkeit einer baldigen Regelung der Genfer Bahnhoffrage ist als Resultat der Konferenz besonders zu begrüßen; durch die 1911 begonnenen Verhandlungen zwischen dem Bundesrat, dem Staatsrat des Kantons Genf und der Paris-Lyon-Mittelmeerbahn ist nicht nur der Rückkauf des Genfer Bahnhofs und der Linie Genf—La Plaine, sondern auch eine vom Bau der Faucillebahn unabhängige Herstellung der Verbindungslinie zwischen den Genfer Bahnhöfen der Verwirklichung näher gerückt.

Mit der dargestellten Lösung der Frage der Zufahrtslinien zum Simplon ist eine gewisse Verschiebung der eisenbahnpolitischen Lage der Schweiz eingetreten. Ein Teil des internationalen Verkehrs, der bisher ausschließlich der Gotthardroute zugefallen ist, wird seinen Weg über den Lötschberg und den Simplon nehmen. Dieser Route wird ganz zufallen der über Delle eingehende Verkehr nach Italien. Soweit für diesen Frankreich in Betracht kommt, insbesondere Nord- und Nordost-Frankreich, kann es sich darum handeln, der Schweiz neuen Verkehr zuzuführen; mit Rücksicht auf die Tarifverhältnisse der im Wettbewerb stehenden französischen Bahnen dürften sich aber kaum alle an eine solche Verkehrsverschiebung geknüpften Hoffnungen verwirklichen. Anders verhält es sich mit dem über Basel eingehenden Verkehr aus den Rheinlanden, aus Belgien und Holland. Vom bisherigen Gotthardverkehr wird ein Teil, der nach Turin und Genua bestimmte, an den Lötschberg-Simplon-Weg übergehen. Für die Schweiz im ganzen bedeutet das einen Verkehrsausfall, da der Weg Basel—Iselle auf Schweizer Gebiet rund 100 km kürzer ist als die Linie Basel—Chiasso. Zur

Würdigung der verschiedenen für die Schweiz wichtigen Verkehrslinien sind folgende Entfernungen von Bedeutung: von der 372 km langen Strecke Basel—Gotthard—Mailand liegen 320 km auf Schweizer Gebiet, von der Strecke Delle—Lötschberg—Simplon—Mailand nur 285 km (von Vallorbe—Lausanne—Mailand gar nur 213 km). Der Gotthardweg Basel—Mailand besitzt nun den großen Vorteil, daß sein höchster Punkt nur 1 155 m erreicht und dessen Juraübergang mit dem neuen Hauenstein-Basistunnel nur 452 m, während der Simplon allerdings nur 705 m hat, dagegen der Lötschberg 1244. Die Steigungsverhältnisse sind somit für den Gotthard viel günstiger und die Bundesbahnen haben den Wettbewerb nicht zu fürchten, wenn der zurzeit bestehende Konkurrenzvertrag vom 13. Mai/27. Juni 1911 nicht erneuert werden sollte. Besondere Erwähnung verdient, daß auch nach dem genannten Vertrag der Güterverkehr von Basel nach dem Lötschberg-Simplon nicht etwa über Münster—Grenchen, sondern über die Bundesbahnlinie Olten—Bern geführt wird. Wenn somit die Berner Alpenbahn-Gesellschaft die Lötschbergbahn baut mit einem Tunnel von 14,536 km zum Kostenvoranschlag von 89 Millionen[1]), so erreicht sie nur eine Abkürzung von 26 km und hat eine Maximalhöhe von 1 244 m; die 13 km lange Strecke Münster—Lengnau mit einem Tunnel von 8,560 km und einem Aufwand von 20 Millionen erzielt nur eine Abkürzung von 16 km bei einer Maximalhöhe von 545 m. Ihre Konkurrenzfähigkeit gegenüber den Bundesbahnen ist somit nicht so bedeutend, wie vielfach angenommen wurde.

Gefährlich könnte den Bundesbahnen der Wettbewerb der Faucillebahn werden. Sie soll in erster Linie für die Richtung Genf—Paris Verbesserung bringen; ihre Mehrlänge von 43 km gegenüber Frasne—Vallorbe soll aufgewogen werden durch günstige Steigungsverhältnisse, die nach dem früheren Projekte erreicht werden sollten durch drei Tunnel von 6,4, 11,4 und 15 km Länge, was den großen Kostenaufwand von 140 Millionen erfordern würde. Da der Kanton Genf als der Hauptbeteiligte nur eine Beihilfe von 20 Millionen gewähren will, so ist die Geldbeschaffung unsicher; zurzeit ist man bestrebt, eine billigere Trasse ausfindig zu machen. Für den Fall, daß die Faucillebahn zusammen mit der Verbindungsbahn in Genf ihre Fortsetzung in den bestehenden Bahnlinien nördlich und südlich des Genfer Sees findet, ist die Verkehrsteilung durch den Staatsvertrag vom 18. Juni 1909 in einer annehmbaren Weise geregelt. Es ist aber zu befürchten, daß der Bau der Faucillebahn eine Weiterführung durch eine Montblancbahn hervorrufen würde; damit wäre Genf von den schweizerischen Verkehrsinteressen vollständig abgelöst und nur noch Durchgangsstation einer französischen Bahnlinie.

---

[1]) Nach neueren Mitteilungen 132 Millionen.

Die dargestellten Verhältnisse waren der Grund, warum der Abschluß des französisch-schweizerischen Vertrages nicht überall mit Befriedigung aufgenommen worden ist. Seine Genehmigung ist erfolgt als Konsequenz des Baues des Simplontunnels, der auf Verlangen der Westschweiz durch das Rückkaufsgesetz von 1897 und die Verstaatlichung der Jura-Simplon-Bahn festgelegt war.

Durch diesen Vertragsabschluß ist auch eine neue Abweichung von dem Grundsatz geschaffen, daß zufolge der Verstaatlichung die Herstellung neuer Hauptbahnen Sache der Bundesbahnen sein sollte. Der Bau der Lötschbergbahn durch die Berner Alpenbahngesellschaft war nicht zu hindern, nachdem die Konzession für diese vom Kanton Bern gestützte Linie schon vor dem Erlaß des Rückkaufsgesetzes erteilt worden war. Nachdem die Bundesbahnen mit Bericht vom 8. Juni 1906 an den leitenden Ausschuß der Lötschbergbahn die Erklärung abgegeben hatten, daß sie die Ausführung der Linie für verfrüht erachten, hatte der Kanton Bern die Gründung einer Gesellschaft, bei der er Hauptaktionär war, energisch in die Hand genommen und die Bundesversammlung gewährte dieser mit Beschluß vom 24. September 1907 eine Beihilfe von 6 Millionen, damit der Lötschbergtunnel zweispurig angelegt werden könne. Die Betriebseröffnung ist für 1913 in Aussicht genommen; die Linie soll elektrisch betrieben werden. Sie wird nicht nur für den Kanton Bern, sondern für die ganze Nordwestschweiz von großem volkswirtschaftlichen Nutzen sein. Ihre Konkurrenzstellung gegenüber den Bundesbahnen ist dadurch noch erheblich gestärkt worden, daß die Abkürzungslinie Münster—Grenchen (sowie Lengnau—Biel) ebenfalls der Berner Alpenbahngesellschaft zur Ausführung überlassen worden ist. Diese 16 km lange Bahn stellt eine kürzere Verbindung von Delle und Basel über Biel nach Bern und dem Lötschberg dar. Deren Bau hat begonnen und der Betrieb soll ebenfalls 1913 eröffnet werden. Unter den obwaltenden Umständen haben die Bundesbahnen mit der Berner Alpenbahngesellschaft sowohl für die Linie Münster—Lengnau als auch für die Lötschbergbahn Verträge über die Verkehrsteilung vereinbart [1]). Auch der Betrieb der mitten im Bundesbahnnetz liegenden Strecke Münster—Grenchen wird den Bundesbahnen übertragen werden.

Eine ebenso wichtige Abweichung von dem Grundsatz einer zielbewußten Verstaatlichung wurde zugunsten einer Ostalpenbahn geschaffen, indem die Bundesversammlung am 26. September 1907 folgenden Beschluß über die künftige Konzessionserteilung für Haupt- und Nebenbahnen faßte:

„Die Bundesversammlung, nach Kenntnisnahme eines Berichts des Bundesrates vom 10. Dezember 1904, beschließt:

[1]) Vgl. S. 30.

Vom Berichte des Bundesrates wird in folgendem Sinne Vormerk genommen:

Die Bundesversammlung erachtet eine Gesetzesrevision als unnötig und betrachtet diese Angelegenheit als erledigt, indem sie auf Grund der dermaligen Bundesgesetzgebung von folgenden Erwägungen ausgeht:

1. Das Bundesgesetz über Bau und Betrieb der schweizerischen Eisenbahnen vom 23. Dezember 1872, Art. 3, begünstigt die Erteilung von Eisenbahnkonzessionen. Die Bundesversammlung ist aber befugt, auch dann eine Konzession zu verweigern, wenn andere Gründe als die Wahrung der militärischen Interessen es rechtfertigen.

2. Art. 3 des Bundesgesetzes vom 23. Dezember 1872 schließt nicht aus, daß der Bau und Betrieb von Bahnen, welche als Hauptbahnen erklärt werden, nicht mehr konzessioniert, sondern im Sinne von Art. 4 des Rückkaufgesetzes vom 15. Oktober 1897 den schweizerischen Bundesbahnen übertragen wird

Falls der Bund den Bau einer Hauptbahn, welche berufen ist, namhaften volkswirtschaftlichen Interessen zu dienen, ablehnt, so kann die Bundesversammlung die Konzession für dieselbe erteilen; hierbei wird sie die Konzessionsdauer, sowie die Fristen und Bedingungen des Rückkaufs zugunsten der Bundesbahnen nach freiem Ermessen festsetzen.

3. Für die Erteilung von Konzessionen für den Bau und Betrieb von Nebenbahnen sind auch in Zukunft einzig die in Ziffer 1 festgestellten Grundsätze des Bundesgesetzes vom 23. Dezember 1872 maßgebend.

4. Die in Ziffer 2 aufgestellten Grundsätze über Konzessionsverweigerung finden gemäß den Bestimmungen der sachbezüglichen Bundesgesetzgebung (Art. 3 des Bundesgesetzes vom 23. Dezember 1872, Art. 5 des Bundesgesetzes vom 22. August 1878 und Art. 49 des Bundesgesetzes vom 15. Oktober 1897) auf den Bau und Betrieb einer Ostalpenbahn keine Anwendung.“

Wenn durch diesen Beschluß der Grundsatz aufgestellt ist, daß der Bau neuer Hauptbahnen künftig in der Regel Sache der Bundesbahnen sein und sie Privatgesellschaften nur überlassen werden soll, falls der Bund die Ausführung ablehnt, so wird dagegen für eine Ostalpenbahn freie Entschließung der Bundesversammlung vorbehalten. Es ist zu hoffen, daß gleichwohl der Bund die zugunsten einer Ostalpenbahn bestehende Verpflichtung so einlösen wird, daß er deren Bau und Betrieb selbst übernimmt. Zurzeit bestehen wichtige Meinungsverschiedenheiten über die Wahl des östlichen Alpenüberganges. Der Kanton Graubünden tritt energisch für den Splügen ein, während vom Kanton Tessin und von anderer Seite mit gleicher Entschiedenheit für die Greina Stellung genommen wird, welches Projekt in Biasca an die Gotthardbahn anschließen und daher die Bundesbahnen bedeutend weniger schädigen würde. Italien hat sich zum größten Teil für den Splügen ausgesprochen, indem es darauf hinweist, daß die Strecke auf italienischem Gebiet beim Splügenprojekt (Chiavenna—Mailand) 117 km lang ist, bei der Greina nur 52 km (Chiasso—Mailand), daß es daher mit einer größeren Summe von Interessen beim Splügen beteiligt ist.

2. Bahnbau.

Von der Jura-Simplonbahn haben die Bundesbahnen die wichtige Aufgabe der Vollendung des Simplontunnels übernommen. Trotz sehr großer Schwierigkeiten ist der Bau des 1. Tunnels von der Bauunternehmung des Simplontunnels, Brandt, Brandau & Comp. in Winterthur, glücklich zu Ende geführt worden. Seine Baukosten betragen rund 77 Millionen Frcs., wovon 8 Millionen durch Subventionen gedeckt wurden. Von dieser Summe waren 47 Millionen bis Ende 1903 von der Jura-Simplonbahn ausgegeben. Der Kostenvoranschlag hatte sich mit Inbegriff des auf 15 Millionen berechneten 2. Tunnels auf 70 Millionen belaufen. Über den Bau des 2. Tunnels, der im Bauvertrag vom 15. April 1898 inbegriffen ist, konnte wie oben bemerkt [1], bisher mit der Baugesellschaft eine Einigung nicht erzielt werden. Der zweite Tunnel ist zur Aufnahme des zweiten Gleises bestimmt, indem der erste Tunnel mit Ausnahme einer Ausweichestation in der Mitte eingleisig gebaut ist. Die den heutigen Verhältnissen angepaßte Kostenberechnung der Bundesbahnen für den 2. Tunnel beläuft sich auf 34½ Millionen. Wenn diese eingehalten werden könnte, so würde die Ausgabe für den gesamten Tunnelbau rund 102½ Millionen betragen und den ursprünglichen Kostenvoranschlag um 32½ Millionen übersteigen.

Die bisherigen Betriebsergebnisse der Simplonbahn sind folgende:

	Betriebs-einnahmen Frcs.	Betriebs-ausgaben Frcs.	Überschuß der Betriebs-einnahmen Frcs.	Ausfall der Gewinn- und Verlustrechnung Frcs.
1906	590 796	624 868	— 52 072	1 391 490
1907	1 000 879	1 138 319	— 137 440	2 418 683
1908	1 053 639	1 180 989	— 127 350	2 429 870
1909	1 132 033	1 131 569	464	2 313 723
1910	1 279 626	1 124 206	155 420	2 157 463

Von 1902 bis Ende 1911 ist neben der Vollendung des 1. Simplontunnels als neue Strecke der Bundesbahnen der Rickentunnel erbaut worden. Zu dessen Anlage hat sich der Bund durch Eintritt in die Verpflichtungen des Vertrages vom 7. Oktober 1901 zwischen dem Kanton St. Gallen und der Gesellschaft der Vereinigten Schweizerbahnen anläßlich des Rückkaufes der letzteren (Bundesbeschluß vom 19. Dezember 1901) verpflichtet. Die 14 km lange Linie (Tunnellänge 8,6 km) war im Vertrage vom 7. Oktober 1901 auf 11 Millionen und bei der ersten Krediterteilung

---

[1]) Vgl. S. 15.

durch den Verwaltungsrat vom 22. April 1903 auf 11,8 Millionen veranschlagt; der Bau begann 1904 und wurde Ende September 1910 vollendet, so daß der Betrieb am 1. Oktober 1910 eröffnet werden konnte. Bei der Bauausführung zeigten sich unvorhergesehene Schwierigkeiten, herrührend von der Beschaffenheit des zu durchbohrenden Berges, unter anderem starke Ausströmung von Grubengas, das brennend erhalten werden mußte. Die mit der Bauunternehmung entstandenen Abrechnungsanstände sind noch nicht erledigt; die Baukosten werden aber mindestens den Betrag von 15 Millionen erreichen.

In Angriff genommen ist die Verlängerung der schmalspurigen Brünigbahn (Luzern—Brienz) bis Interlaken (Brienzer Seebahn). Diese Fortsetzung bezweckt die Ausfüllung einer Lücke im schweizerischen Eisenbahnnetz, die sich namentlich für den Touristenverkehr unangenehm bemerkbar macht, indem die Verbindung zwischen Luzern und dem Berner Oberland auf eine Länge von 21 km nur durch Dampfboote vermittelt wird. Nachdem der Kanton Bern sich bereit erklärt hatte, sich an dem anfänglich zu erwartenden Betriebsausfall auf die Dauer von 10 Jahren mit einem jährlichen Beitrag von 40 000 Frcs. zu beteiligen, wurde der Bau durch die Bundesbahnen mit Bundesgesetz vom 17. Dezember 1907 beschlossen und für die Ausführung ein Kredit von 5 500 000 Frcs. bewilligt, der mit Rücksicht auf einen allfälligen späteren Umbau auf Normalspur um eine Million erhöht werden mußte. Leider haben sich die Vorbereitungen für den Bau sehr verzögert. Die Ausarbeitung der endgültigen Pläne ging langsam vor sich, gegen die Linienführung wurden von der beteiligten Landesgegend viele Einsprachen erhoben, ebenso von der Dampfschiffahrtsgesellschaft des Thuner und Brienzer Sees, die den Wettbewerb der Bahn tunlichst lange hinauszuschieben suchte. Erst im Frühjahr 1912 ist die Plangenehmigung durch die Aufsichtsbehörde für die ganze Linie erfolgt und es kann endlich die Vergebung der Arbeiten durchgeführt werden.

Eine weitere wichtige Verbesserung des Bundesbahnnetzes wird erreicht mit der Ersetzung des bestehenden Hauensteintunnels der Linie Basel—Olten durch einen neuen Basistunnel (Baulänge 8 148 m), der das Maximalgefälle von 26 ‰ auf 10,5 ‰ herabsetzt. Diese Änderung ist von der Bundesversammlung mit Beschluß vom 20. Juni 1910 genehmigt und hierfür ein Kredit von 24 Millionen bewilligt worden, nachdem der Nachweis erbracht war, daß die Verzinsung und Tilgung der Bausumme durch die zu erwartenden Ersparnisse bei dem Betrieb der Strecke gedeckt werden. Die Vergebung des Tunnelbaues ist am 14. Januar 1912 erfolgt; als Vollendungstermin sind fünf Jahre bestimmt. Die Herstellung dieses Tunnels wird die Konkurrenzfähigkeit der Gotthardroute wesentlich heben und um so wirksamer sein, da auch der elektrische Betrieb, vorerst der

Bergstrecke Erstfeld—Biasca mit ihren vielen Kehrtunneln, für die nächste Zeit in Aussicht genommen ist. Die erforderlichen Wasserkräfte in den Kantonen Uri und Tessin sind seit 1907 und 1909 gesichert.

Sodann hat der Ausbau der bestehenden Linien während der 10 Jahre ganz erhebliche Fortschritte gemacht. Die Doppelspur, deren Durchführung auf allen Hauptlinien beabsichtigt war, ist auf folgenden Abschnitten fertiggestellt worden:

Kreis I:

Linie Lausanne—Brig: Villeneuve—Aigle—St. Maurice—Martigny;
Linie Lausanne—Vallorbe: Daillens—Vallorbe;
Linie Lausanne—Bern: La Conversion (bei Lausanne)—Chexbres—Palézieux—Vauderenz—Siviriez.

Kreis II:

Linie Basel—Delle: Basel—Belsberg (zum Teil);
Linie Bern—Thun: Ostermundingen—Gümlingen;
Linie Olten—Luzern: Aarburg—Sursee.

Kreis III:

Linie Basel—Brugg: Brugg—Stein—Säckingen (Bötzbergbahn).

Kreis IV:

Linie Winterthur—Frauenfeld—Romanshorn;
Linie St. Gallen—Rohrschach: zweispuriger Tunnel St. Gallen—St. Fiden.

Weitere Strecken der Linie Winterthur—St. Gallen sind in Vorbereitung.

Folgende bedeutende Bahnhofumbauten sind in der Hauptsache vollendet: Lausanne (mit Ausnahme des Aufnahmegebäudes), Basel, Bern (Rangier- und Rohmaterialienbahnhof), St. Gallen (mit Ausnahme des Aufnahmegebäudes). Vorbereitet sind und demnächst ausgeführt werden neue Bahnhöfe in Vallorbe, Brig, Biel, Thun, Brugg, Schaffhausen und Chur.

Dazu kommen: eine Reihe von Umbauten und Erweiterungen mittlerer und kleinerer Bahnhöfe und Stationen; die Anlage neuer Eisenbahnbrücken bei Brugg, Wettingen, Müllheim; der Bau einer neuen Maschinenwerkstätte bei Zürich. Die Ersetzung einer großen Zahl von Straßenübergängen in Schienenhöhe durch Unter- oder Überführungen.

Diese Bauten haben einen großen Kostenaufwand erfordert; das Anlagekapital der Bundesbahnen für Bahnanlage und feste Einrichtungen mit Inbegriff der unvollendeten Bauobjekte, das nach Abschluß der Verstaatlichung der Hauptbahnen ohne Gotthardbahn Ende 1903 781 526 304 Franken betragen hat und zuzüglich des Anlagekapitals der Gotthardbahn bei deren Übergang an den Bund im Betrage von 147 148 070 Frcs. zusammen 928 674 374 Frcs., beläuft sich Ende 1911 auf 1 078 608 401 Frcs. der Zuwachs somit auf 149 934 027 Frcs.

Ferner ist der Wert des Rollmaterials zufolge der Neuanschaffungen von Lokomotiven und Wagen (Personen-, Gepäck- und Güterwagen) im gleichen Zeitraum von 122 617 811 Frcs. und zuzüglich der Gotthardbahn mit 27 635 078 Frcs., von 150 252 889 Frcs. auf 226 026 595 Frcs. gestiegen, somit Zuwachs 75 773 706 Frcs. (vergl. die näheren Angaben über den Bestand des Rollmaterials auf Seite 33) und der Bestand an Mobiliar und Gerätschaften von 11 462 811 Frcs. und zuzüglich Gotthardbahn mit 3 425 663 Frcs. von 14 888 474 Frcs. auf 21 129 959 Frcs., somit Zuwachs 6 241 485 Frcs. Die Gesamtausgaben der Bundesbahnen zu Lasten des Baukontos haben daher bis Ende 1911 231 949 218 Frcs. betragen.

3. Bahnbetrieb.

Die Organisation des Betriebsdienstes, die im Jahrgange 1904 des Archivs dargestellt worden ist, hat keine Änderung erfahren. Einer Anregung der Generaldirektion und des Verwaltungsrates vom 10. Juli 1908, die Vollziehungsverordnung zum Rückkaufsgesetz in der Richtung zu verbessern, daß zur Entlastung der Generaldirektion deren Mitgliederzahl von fünf auf sieben zu erhöhen sei, um gleichzeitig eine Trennung der Oberleitung des Betriebsdienstes in eine Abteilung für Fahrdienst (Dampfbetrieb und elektrische Zugförderung) und Telegraphendienst sowie in eine Abteilung für den Zugs- und Expeditionsdienst durchzuführen und dem Vorsitzenden nur die allgemeine Geschäftsleitung und die Behandlung der eisenbahnpolitischen Fragen zuzuweisen, unter Entbindung von den Geschäften eines besonderen Departements, wurde vom Bundesrate keine Folge gegeben. Damit fiel auch die in Aussicht genommene Erhöhung der Kompetenzen der einzelnen Departements der Generaldirektion, der Kreisdirektionen und der Oberbeamten dahin. Eine lebhafte Kritik der bestehenden Organisation durch das Parlament und die Presse setzte ein, bestimmte praktische Vorschläge wurden aber nicht gemacht; die unfruchtbare Erörterung verlief im Sand und die Frage der Reorganisation der Bundesbahnverwaltung ist heute noch ungelöst. Die Aufgabe ist um so schwieriger, da nicht nur die betriebstechnischen Gesichtspunkte in Betracht kommen, sondern auch die politischen Gegensätze der Zentralisation und Dezentralisation. Wie die Organisation von 1897 auf einem Kompromiß der widerstreitenden Auffassungen beruht, wird auch jede künftige Änderung eine Ausgleichung versuchen müssen. Nicht zu übersehen ist, daß die Hochflut der Kritik mit der vorübergehenden ungünstigen Geschäftslage der Bundesbahnen zusammenfiel und mit ihrer Verbesserung sofort abnahm. Damit soll nicht etwa gesagt sein, daß nicht Verbesserungen der bestehenden

Einrichtungen angezeigt seien; bestritten ist nur die Richtung, nach der diese vorzunehmen sind.

Das von den Bundesbahnen betriebene Eisenbahnnetz ist seit der Verstaatlichung der Gotthardbahn in fünf Kreise eingeteilt. Die Länge der diesen Kreisen zugewiesenen Linien beträgt Ende 1911:

	Baulänge km	Betriebslänge km
Kreis I	643,207	657,158
„ II	615,011	620,975
„ III	736,445	757,528
„ IV	428,766	432,958
„ V	272,537	275,150
	2 695,966	2 743,769

Die ungleiche Zusammensetzung der Kreise ist darauf zurückzuführen, daß bei deren Bildung die Abgrenzung der Netze der verstattlichten Privatbahnen nur soweit durchaus nötig geändert wurde; die Linien der Gotthardbahn sind im Kreise V vereinigt. Gemäß der Vollziehungsverordnung zum Rückkaufsgesetz vom 7. November 1899 und ihrem Nachtrag vom 4. Dezember 1908 umfassen die Kreise folgende Bahnstrecken:

Kreis I mit Sitz in Lausanne:

1. Genf—Lausanne—St. Maurice—Iselle (—Domodossola).
2. St. Maurice—Bouveret (—St. Gingolph).
3. Lausanne— Yverdon—Neuenburg—Biel.
4. Neuenburg—Auvernier—Verriéres (—Pontarlier).
5. Cossonay—Vallorbe(—Pontarlier).
6. Le Pont—Vallorbe.
7. Lausanne—Freiburg—Bern.
8. Lausanne—Palézieux—Payerne—Lyß.
9. Yverdon—Payerne—Freiburg.

Kreis II mit Sitz in Basel:

1. Básel—Olten—Zofingen—Luzern (die Bahnhöfe Basel, Olten und Luzern und die Station Zofingen inbegriffen).
2. Olten—Bern—Thun—Scherzligen (Bahnhof Bern inbegriffen).
3. Basel—Delsberg—Biel—Bern.
4. Delsberg—Pruntrut—Delle.
5. Soncebez—La Chaux de Fonds.
6. Basel—Landesgrenze bei St. Ludwig.
7. Basel Schweiz. Bahnhof bis Basel Bad. Bahnhof (Verbindungsbahn).
8. Pratteln—Schweizerhalle.
9. Olten—Biel (Bahnhof Biel inbegriffen).
10. Herzogenbuchsee—Neu Solothurn—Lyß (Station Lyß inbegriffen).
11. Bern—Gümlingen—Langnau—Luzern.
12. Luzern—Brünig—Meiringen—Brienz.

Kreis III mit Sitz in Zürich:

1. Zürich—Turgi—Brugg—Aarau—Olten (Bahnhof Zürich inbegriffen).
2. Brugg—Pratteln(—Basel).
3. Aarau—Suhr—Zofingen.
4. Aarau—Wohlen—Immensee.
5. Wohlen—Brugg.
6. Wohlen—Bremgarten.
7. Turgi—Waldshut.
8. Zürich—Winterthur.
9. Zürich—Wädenswil—Ziegelbrücke—Sargans(—Chur).
10. Ziegelbrücke—Näfels—Glarus—Linthal.
11. Weesen—Glarus.
12. Zürich—Wallisellen—Rapperswil—Ziegelbrücke (Bahnhof Rapperswil inbegriffen).
13. Zürich—Oberlikon(—Niederglatt)—Bülach—Eglisan—Schaffhausen (Bahnhof Schaffbausen inbegriffen).
14. Bülach—Otelfingen—Wettingen.
15. Winterthur—Koblenz—Stein.
16. Aarau—Suhr—Othmarsingen—Wettingen.
17. Wettingen—Oerlikon.
18. Oberglatt—Niederweningen.
19. Zürich—Thalwil—Zug—Luzern (Bahnhof Zug inbegriffen).
20. Zürich—Affoltern—Zug.
21. Zürich—Meilen—Rapperswil.
22. Zürich—Bassersdorf—Wintherthur.
23. Effretikon—Hinwil.

Kreis IV mit Sitz in St. Gallen:

1. (Zürich—)Winterthur—Romanshorn (Bahnhof Winterthur inbegriffen).
2. Rorschach—Romanshorn—Konstanz.
3. Winterthur—Schaffhausen.
4. Winterthur—Etzwilen—Singen.
5. Etzwilen—Konstanz.
6. Schaffhausen—Etzwilen.
7. (Zürich—)Winterthur—St. Gallen—Rorschach.
8. Rorschach—Buchs—Sargans—Chur (Station Sargans inbegriffen).
9. Sulgen—Gossau.
10. Wil—Ebnat.
11. Wattwil—Uznach(—Rapperswil).
12. Dampfschiffahrt auf dem Bodensee.

Kreis V mit Sitz in Luzern:

1. Luzern—Immensee—Goldau (Station Immensee und Bahnhof Goldau inbegriffen).
2. Zug—Goldau.
3. Goldau—Brunnen—Erstfeld—Biasca—Bellinzona.
4. Bellinzona—Lugano—Chiasso.
5. Bellinzona—Giubiasco—Pino(—Luino).
6. Bellinzona—Giubiasco—Locarno.

Die Bundesbahnen betreiben außerdem die von ihnen laut Vertrag vom 2. Juli 1903 gepachtete Linie Vevey—Chexbres (7,825 km) und folgende, ausländischen Bahnen angehörende Anschlußstrecken: Mitte Rhein—Waldshut (Großherzoglich Badische Staatsbahnen, 1,743 km), Vallorbe Grenze—Pontarlier (Paris-Lyon-Mittelmeerbahn 34,053 km), sowie Delle Grenze—Delle (P. L. M., 440 m).

Auf den den italienischen Staatsbahnen gehörenden Strecken: Iselle—Domodossola (19,068 km) und Pino—Luino (14,640 km) besorgen die Bundesbahnen den Zug- und Fahrdienst.

Außerdem betreibt die Bundesbahnverwaltung zufolge Eintritts in die von der Jura-Simplonbahn abgeschlossenen Betriebsverträge die Nebenbahnen: Bière—Apples—Morges, Bulle—Romont, Cossonay Bahnhof—Stadt, die Traverstalbahn und Visp—Zermatt (zusammen 95,697 km), sowie laut den Verträgen vom 9. August 1904 und 26. Oktober 1905 die Linie Nyon—Crassier der Bahngesellschaft Nyon-Crassier (5,941 km) und die anschließende Linie Crassier—Divonne—les Bains der Paris-Lyon-Mittelmeerbahn (3,202 km). Bis Ende 1908 haben die Bundesbahnen auch die im Eigentum einer besonderen Bahngesellschaft stehende Linie Martigny—Chatelard—Vallorcine (2,498 km) sowie bis 7. Juli 1910 die Bahn Pruntrut—Bonfol (10,892 km) betrieben. Der Betrieb der Bahn Wald—Rüti (6,570 km) wird von den Bundesbahnen nur zum Teil geführt, indem seit 1906 die Besorgung des Zug- und Fahrdienstes der Tößtalbahn übertragen ist.

Seit dem 3. Oktober 1910 betreiben die Bundesbahnen auch die der Bodensee-Toggenburgbahn gehörende Linie Romanshorn—St. Gallen—Wattwil (53,208 km) laut Vertrag vom 18./21. Juni 1910.

Die Bundesbahnen besorgen sodann den Betriebsdienst für andere Bahnverwaltungen auf einer großen Zahl von Bahnhöfen und Stationen, die von letzteren mitbenutzt werden. Die Bedingungen der Mitbenutzung sind für die anschließenden Nebenbahnen im Sinne des Bundesgesetzes vom 21. Dezember 1899 über den Bau und Betrieb von Nebenbahnen sehr günstig; in den meisten Fällen finden die Bundesbahnen kaum Deckung für die ihnen aus der Dienstbesorgung für die Nebenbahnen erwachsenden Mehrkosten. Ende 1911 haben 83 Anschluß- und Mitbenutzungsverhältnisse bestanden. Die an die Bundesbahnen zu leistenden Entschädigungen, mit Inbegriff der von anschließenden Hauptbahnen zu vergütenden, betrugen rund 3½ Millionen Frcs., während sie selbst für die Mitbenutzung von 14 fremden Gemeinschaftsstationen rund 2 Millionen zu bezahlen hatten. Die von den Hauptbahnen zu entrichtenden Beträge bieten vollen Ersatz für die erwachsenden Kosten.

a) Betriebseinnahmen.

Die Tarife für den Personen- und Güterverkehr beruhen auf den Vorschriften des Bundesgesetzes über das Tarifwesen der schweizerischen

Bundesbahnen vom 27. Juni 1901 (Archiv 1905, Seite 109 u. f.). Dieses Gesetz ist unverändert in Kraft geblieben. Zur Zeit des Stillstandes der Betriebseinnahmen und der großen Steigerung der Betriebsausgaben wurde vom Verwaltungsrat mit Vorlage vom 29. September 1909 eine mäßige Erhöhung der Personentarife vorgeschlagen, jedoch nur für die verhältnismäßig sehr niedrigen Hin- und Rückfahrttaxen. Diese sollten erhöht werden

für die	I. Wagenklasse	von	15,6 Cts.	auf	16,6 Cts.
	II. „	„	10,0 „	„	11,0 „
	III. „	„	6,5 „	„	7,3 „

für das Kilometer Bahnlänge.

Diese Ansätze entsprechen einer Ermäßigung auf der doppelten einfachen Taxe von 20 % für die erste, 25 % für die zweite und 30 % für die dritte Wagenklasse. Die voraussichtliche Mehreinnahme wurde mit Berücksichtigung der Einwirkung der Maßnahme auf die festen Lust- und Rundfahrbillets, die Streckenabonnements und die Generalabonnements auf 4 Millionen berechnet.

Der Bundesrat schloß sich dem Vorschlage der Bundesbahnverwaltung an und legte der Bundesversammlung mit Botschaft vom 3. Dezember 1909 den Entwurf eines Bundesgesetzes vor. Die vorberatenden Kommissionen der Räte verschoben aber die Behandlung der Vorlage, die mehrfachen Widerspruch hervorrief, von einer Sitzung zur anderen; es wurde auch der Einwand erhoben, vor einer Tariferhöhung müsse der Versuch gemacht werden, durch eine Reorganisation der Verwaltung Ersparnisse im Betrieb zu erzielen, vorher könne dem Volke eine Taxerhöhung nicht zugemutet werden. Es ist kaum anzunehmen, daß eine Änderung sobald eintreten werde, nachdem sich die finanzielle Lage der Bundesbahnen wieder günstiger gestaltet hat.

Von Einfluß auf die Betriebseinnahmen sind die mit anderen Bahnverwaltungen abgeschlossenen Konkurrenzverträge. Grundsätzlich ist der Wettbewerb mit anderen Schweizer Bahnen durch Art. 21 des Tarifgesetzes vom 27. Juni 1901 geordnet (Archiv 1905, Seite 117/119). Eine große Zahl von Verträgen ist auf dieser Grundlage abgeschlossen worden, wobei den Anschlußbahnen ein über die gesetzlichen Forderungen hinausgehendes Entgegenkommen gezeigt wurde. Der wichtigste Konkurrenzvertrag ist der mit der Berner Alpenbahngesellschaft (Lötschbergbahn) vereinbarte, vom 20. August 1911, der unter Verzicht auf den Vorbehalt, der die Bundesbahnen von den Verbindlichkeiten des genannten Art. 21 befreit, falls wichtige Interessen derselben verletzt werden, der Lötschbergbahn eine erhebliche Beteiligung an dem Verkehr aus Frankreich und Deutschland nach Italien zusichert; der über Delle eingehende Verkehr nach Italien fällt der neuen Linie ganz zu, der über Basel eingehende, insoweit er nach Turin und Genua bestimmt ist; am schweizerischitalienischen Verkehr ist die Lötschberg-Simplonroute ebenfalls in erheblichem Maße beteiligt. In gleich weitgehender Weise begünstigt der Konkurrenzvertrag vom 3. Juni 1909 die von der Berner Alpenbahngesellschaft herzustellende Abkürzungslinie Münster—Lengnau.

Auf den Ausbau der Personen- und Gütertarife durch Ausnahmetarife ist hier nicht näher einzugehen. Die Bundesbahnen berücksichtigten bei den Personentarifen die besonderen Erfordernisse des Touristenverkehrs und folgten im Güterverkehr tunlichst der Entwicklung bei den deutschen Bahnverwaltungen. Die Vertretung der Bundesbahnen in der ständigen Tarifkommission erleichtert diese Anlehnung ganz bedeutend. Es versteht sich von selbst, daß den internationalen Beziehungen im Tarifwesen wie im Fahrplanwesen fortwährend alle Aufmerksamkeit geschenkt wurde.

Neben der Teilnahme an den regelmäßigen Konferenzen zur Behandlung der laufenden Verbandsgeschäfte ist noch hervorzuheben die Vertretung der Bundesbahnen bei folgenden in Bern abgehaltenen internationalen Konferenzen: Revisionskonferenz im Juli 1905 für das internationale Übereinkommen über den Eisenbahnfrachtverkehr, Konferenz vom Mai 1906 für ein internationales Übereinkommen über den Reisenden- und Gepäckverkehr, Konferenz vom Mai 1907 und vom Oktober 1911 für die technische Einheit.

Im Juli 1910 wurde die achte Sitzung des internationalen Eisenbahnkongresses (Association du Congres international des chemins de fer) in Bern abgehalten; die Geschäftsleitung war der Generaldirektion der Bundesbahnen übertragen.

Die Transporteinnahmen der Bundesbahnen haben betragen in Franken für:

	Personen	Gepäck	Tiere	Güter	Zusammen	Zusammen für das km
1902	27 065 284	2 556 768	1 319 190	35 756 762	66 697 999	45 188
1903	43 909 319	4 152 508	2 032 691	55 958 824	106 053 342	43 590
1904	45 427 823	4 252 317	1 961 398	57 523 830	109 165 368	47 777
1905	48 154 781	4 686 864	2 048 565	60 072 935	114 963 165	47 097
1906	53 516 096	5 181 276	2 432 360	65 731 762	126 921 494	51 720
1907	56 283 797	5 508 345	2 404 947	72 476 754	136 673 843	55 491
1908	58 046 388	5 670 988	2 326 024	69 659 597	135 702 997	55 097
1909	66 457 152	6 670 268	2 727 282	82 890 482	158 745 184	59 940
1910	75 598 155	7 682 218	3 384 412	93 196 972	179 861 752	65 595
1911	77 855 305	7 997 021	3 200 154	99 416 137	188 468 617	68 484

Das Netz umfaßte 1902 nur die Linien der ehemaligen Centralbahn und Nordostbahn und seit dem 1. Juli 1902 noch die der Vereinigten Schweizerbahnen, dazu seit dem 1. Januar 1903 die der Jura-Simplonbahn und seit dem 1. Mai 1909 die der Gotthardbahn. Wenn die Transporteinnahmen der Gotthardbahn hinzugefügt werden, ergeben sich für die Jahre 1905 bis 1909 folgende Zahlen:

	insgesamt	für das km
für 1905 . . . . . . Frcs	139 355 817	50,823
„ 1906 . . . . . . „	154 312 303	56,277
„ 1907 . . . . . . „	166 038 023	60,553
„ 1908 . . . . . . „	163 809 945	59,737
„ 1909 . . . . . . „	167 255 114	60,997

Es ist somit eine ganz bedeutende, stetige Steigerung der kilometrischen Einnahmen festzustellen, mit einer einzigen Unterbrechung von 1907 auf 1908. In Prozenten beträgt die Zunahme:

von 1902 bis 1905	4,23 %,
„ 1905 „ 1910	43,33 % und
„ 1902 „ 1911	51,55 %.

b) Betriebsleistungen.

Die Einführung des Bundesbahnbetriebes machte sich sofort durch eine ganz wesentliche Verbesserung des Fahrplanes bemerkbar, und zwar sowohl für die durchgehenden Züge als auch für den Lokalverkehr.

Die Zahl der Personenzugkilometer hat auf dem eigenen Netz der Bundesbahnen für die regelmäßigen Züge betragen:

	Schnell- und Personenzüge	Güterzüge mit Personenbeförderung	zusammen
1902	9 729 900	1 245 059	10 974 059
1903	16 002 401	1 784 643	17 787 044
1904	17 119 319	1 685 179	18 804 498
1905	17 952 642	1 610 469	19 563 111
1906	19 101 882	1 531 325	20 633 207
1907	20 661 131	1 494 369	22 155 500
1908	21 576 571	1 434 566	23 011 137
1909	22 757 631	1 512 853	24 270 484
1910	23 454 077	1 593 479	25 047 556
1911	23 927 939	1 522 940	25 450 879

Diese wesentliche Fahrplanverbesserung veranlaßte selbstverständlich eine bedeutende Steigerung der Betriebskosten. Zu dieser trug hauptsächlich bei eine große Vermehrung des Personals und der damit verbundenen Kosten, herbeigeführt allerdings nicht nur durch die Vermehrung des Verkehrs, sondern auch durch die genauere Befolgung der gesetzlichen Vorschriften über die Arbeits- und Ruhezeit des Personals und durch eine schrittweise Verkürzung der Arbeitszeit innerhalb der gesetzlichen Schranken für das Betriebspersonal im engeren Sinne, im Interesse sowohl der Erleichterung des Personals als auch der Betriebssicherheit. Dazu kam seit 1906 die Bewilligung von außerordentlichen Teuerungszulagen zufolge der Steigerung der Kosten für den Lebensunterhalt und die Wohnungsmiete.

Die Personalausgaben für Unterhalt und Aufsicht der Bahn, für Expeditions-, Zug- und Fahrdienst, inbegriffen die Bekleidungskosten und die Nebenbezüge, weisen in Franken folgende Zahlen auf:

		Zunahme gegenüber dem Vorjahre %
1902	28 760 724	—
1903	32 272 008	—
1904	35 552 468	10,16
1905	38 069 904	7,08
1906	41 872 807	9,99
1907	45 754 077	9,27
1907 mit G. B.	51 820 100	—
1908	47 422 571	3,65
1908 mit G. B.	53 313 413	2,88
1909	54 408 095	2,05
1910	57 202 248	5,14
1911	60 696 552	6,19.

Zur Bedienung des gesteigerten Verkehrs war eine bedeutende Vermehrung des Rollmaterials erforderlich, wobei auf Beschaffung wesentlich leistungsfähigerer Typen Bedacht genommen wurde, und zwar sowohl beim Ersatz als auch beim Neubau.

Lokomotiven.

	normalspurig		schmalspurig	
	Zahl	Achsen	Zahl	Achsen
1903	793	3 984	23	69
1904	828	4 286	23	69
1905	861	4 585	27	83
1906	902	4 960	30	92
1907	952	5 308	32	98
1908	1 001	5 662	30	92
1909	1 182	6 783	33	101
1910	1 192	6 868	36	110
1911	1 190	6 904	31	95

Personenwagen.

	normalspurig			schmalspurig		
	Zahl	Achsen	Sitzplätze	Zahl	Achsen	Sitzplätze
1903	1 970	5 344	96 899	72	216	2 542
1904	2 050	5 573	100 730	72	216	2 542
1905	2 179	5 980	106 640	86	258	3 006
1906	2 283	6 312	110 901	86	258	3 006
1907	2 466	6 924	120 172	88	264	3 044
1908	2 616	7 472	129 370	88	264	3 044
1909	3 051	8 742	150 730	93	279	3 204
1910	3 198	9 200	158 652	93	279	3 204
1911	3 290	9 501	164 825	93	279	3 204

Gepäck- und Güterwagen.

	normalspurig			schmalspurig		
	Zahl	Achsen	Ladegewicht Tonnen	Zahl	Achsen	Ladegewicht Tonnen
1903	10 766	21 580	126 190	80	172	790
1904	10 900	21 846	128 475	80	172	790
1905	11 185	22 416	133 156	86	186	860
1906	11 443	22 970	137 042	86	186	860
1907	11 870	23 864	142 608	97	209	968
1908	12 634	25 452	152 733	114	255	1 159
1909	14 754	29 720	180 644	129	285	1 309
1910	15 059	30 330	185 191	129	285	1 309
1911	15 090	30 402	186 313	129	285	1 309

c) Betriebsausgaben.

Die stetige Steigerung der Betriebsausgaben ist folgender Zusammenstellung zu entnehmen (Ausgaben in Franken):

	Allgemeine Verwaltung	Unterhalt und Aufsicht der Bahn	Expeditions- und Zugdienst	Fahrdienst	Verschiedene Ausgaben	Zusammen
1902	1 704 641	7 028 828	13 601 125	16 877 303	4 041 819	43 243 716
1903	2 709 269	13 579 258	22 323 008	28 120 180	6 111 690	72 843 405
1904	2 569 637	14 295 607	24 719 065	29 794 653	6 208 091	77 587 053
1905	2 739 911	15 067 315	25 262 704	30 661 529	6 425 486	80 156 945
1906	2 916 557	15 968 418	27 879 651	32 901 246	7 742 034	87 407 906
1907	2 984 387	17 269 746	30 730 194	35 896 412	9 569 649	96 450 388
1908	3 071 038	17 496 866	31 852 833	39 039 525	9 498 684	100 958 946
1909	3 582 639	16 971 648	36 060 876	43 142 063	11 792 945	111 550 171
1910	3 788 617	18 473 338	37 915 534	45 867 005	11 086 178	117 130 672
1911	3 840 724	19 071 334	40 215 766	47 919 632	13 600 319	124 647 775

In der Zeit, während der das gesamte Bundesbahnnetz mit Ausschluß der Gotthardbahn im Betrieb war, zeigt sich somit von 1903 auf 1908 eine Ausgabenvermehrung von 72 843 405 Frcs. auf 100 958 946 Frcs. und für das Bahnkilometer eine solche von 29 940 auf 40 990 Frcs., für das Zugkilometer von 3,19 auf 3,37 Frcs. und für das Achskilometer von 11,40 auf 11,42 Cts.

Mit Grund wurde diese ungewöhnliche Vermehrung getadelt, da sie mit der Einnahmesteigerung nicht Schritt hielt, sondern diese verhältnismäßig bedeutend überstieg. Die Betriebszahl (der sog. Betriebskoeffizient) zeigt folgende Sprünge: 1902 61,11 %, 1903 65,53 %, 1904 67,68 %, 1905 66,42 %, 1906 67,49 %, 1907 69,22 % und 1908 72,82 %.

Die energisch durchgeführten Sparmaßnahmen, verbunden mit einer Wiederbelebung des Verkehrs, führten jedoch in kürzester Frist eine wesentliche Verbesserung herbei. Die Betriebszahl sank 1909 auf 70,32 %, 1910 auf 65,48 % und 1911 auf 64,26 %.

Die Verminderung der Ausgaben wurde namentlich erreicht: durch eine Verminderung der Beamten, Angestellten und Arbeiter, wobei aber keine Entlassungen stattfanden, sondern nur Stellen, die durch Tod, Arbeitsunfähigkeit oder freiwilligen Austritt frei geworden waren, nicht wieder besetzt wurden; durch die Aufhebung einiger Züge und große Vorsicht bei Übernahme neuer Zugleistungen, wobei notwendige Verbesserungen immerhin nicht außer acht gelassen wurden (vergl. die Zahl der Zugkilometer der Personenzüge); durch etwas langsameres Vorgehen bei der Erneuerung des Oberbaues und der Ersetzung der Schienen alten Profils durch solche des stärkeren, von den Bundesbahnen angenommenen (45,9 und 48,9 kg auf das laufende Meter statt 36,2 und weniger). Minderausgaben für den Betrieb brachte auch das langsamere Vorgehen im Ausbau und in der Verbesserung der bestehenden Anlagen.

d) Beamte, Angestellte und Arbeiter.

Wie bereits bemerkt wurde, haben die Beamtenverhältnisse bei den Betriebsausgaben eine wichtige Rolle gespielt. Das Besoldungsgesetz vom 29. Juni 1900 und die auf ihm fußende Gehaltsordnung vom 7. Januar 1902 sind allerdings während der zehn Jahre des Bundesbetriebes unverändert in Kraft geblieben. Dagegen veranlaßte die Teuerung der Lebensmittel und der Lebensführung überhaupt die Bewilligung von Teuerungszulagen durch die Bundesversammlung. Schon im Jahre 1906 hatten die Verbände des Eisenbahnpersonals um deren Ausrichtung nachgesucht; die Generaldirektion vertrat die vom Verwaltungsrat mit Beschluß vom 22. Dezember 1906 gebilligte Ansicht, daß richtigerweise nur auf dem Wege der Änderung des Besoldungsgesetzes und der Lohnreglements Abhilfe getroffen werden könne. Die Bundesversammlung erachtete die Sache aber für so dringend, daß vorläufige Maßnahmen zu ergreifen seien, indem die zeitraubende, grundsätzliche Umgestaltung der Gehalts- und Lohnverhältnisse nicht abgewartet werden könne. Mit Bundesbeschluß vom 12. April 1907 wurde verfügt: „Den Beamten und Angestellten, deren Besoldungen, mit Inbegriff der festen Nebenbezüge, den Betrag von 4 000 Franken nicht übersteigen, sowie den ständigen Arbeitern der Werkstätten und des Betriebes wird für das Jahr 1906 eine Teuerungszulage gewährt, die für die Verheirateten 100 Frcs. und für die Unverheirateten 50 Frcs. beträgt; Unverheiratete, welche die Stütze ihrer Familien sind, werden den Verheirateten gleichgestellt. Für Ausrichtung dieser Teuerungszulagen wird ein Spezialkredit von 2 500 000 Frcs. bewilligt." Der gleiche Beschluß wurde am 20. Dezember 1907 für das Jahr 1907 und am 23. Dezember 1908 für das Jahr 1908 bestätigt. Mit Beschluß vom 22. Dezember 1909 ging die Bundesversammlung noch weiter und setzte die Teuerungszulage (jetzt außerordentliche Zulage genannt) für das Jahr 1909 zugunsten aller Beamten und Angestellten (mit Ausnahme der Direktoren) auf 200 Frcs. und für alle Arbeiter auf 120 Frcs. fest, für die Barrierenwärterinnen auf 50 Frcs.; der bewilligte Kredit betrug 5 058 000 Frcs. Für das Jahr 1910 ist die außerordentliche Zulage für die Beamten und Angestellten durch das neue Besoldungsgesetz festgelegt. Ein besonderer Bundesbeschluß war nur noch für die Arbeiter der Werkstätten und des Betriebes nötig; dieser Beschluß vom 23. Dezember 1910 bestimmte die außerordentliche Zulage auf jährlich 150 Frcs. für die Zeit vom 1. Januar 1910 bis 31. März 1912 und bewilligte hierfür einen jährlichen Kredit von 2 670 000 Frcs. Für das von der Gotthardbahn in den Dienst der Bundesbahnen übergetretene Personal wurde mit Bundesbeschluß vom 23. Dezember 1910 die Ausrichtung des Unterschiedes der von der Gotthardbahn s. Zt. dem Gehalt und Lohn zugeschlagenen Teuerungszulagen und der von den Bundesbahnen an ihr Personal ausgerichteten für die Zeit vom 1. Mai 1909 bis 31. März 1912 zugesichert; der hierfür erforderliche Kredit betrug jährlich 1 050 000 Frcs.

Die von der Bundesbahnverwaltung in Aussicht genommene Abänderung des Besoldungsgesetzes war schon im Jahre 1907 eingeleitet worden. Die Begutachtung durch die Kreisdirektionen und die Kreiseisenbahnräte sowie durch die Dienstabteilungen bei der Generaldirektion, die Prüfung der vielen Eingaben der Verbände des Personals und die Anhörung ihrer Vertreter beanspruchte erhebliche Zeit. Nachdem die Generaldirektion ihren Vorentwurf der ständigen Kommission des Verwaltungsrates am 8. Januar 1909 und den Entwurf dem Verwaltungsrate am 27. April 1909 vorgelegt hatte, folgten neue Beratungen und Erhebungen über dessen finanzielle Tragweite; am 10. Juli 1909 wurde die Vorlage dem Bundesrate eingereicht. In dem Stadium jeder Beratung wurde dem Personal weiteres Entgegenkommen bewiesen; das gleiche trat bei der Bundesversammlung ein und das neue Besoldungsgesetz vom 23. Juni 1910 (abgedruckt im „Archiv“ 1910, Seite 1282) hat die Gehälter in einer Weise festgesetzt, die allen billigen Anforderungen genügt.

Das alte Besoldungsgesetz vom 29. Juni 1900 kannte neun Besoldungsklassen:

I. Klasse	. . . .	10 000—15 000 Frcs.,
II. „	. . . .	6 000—10 000 „
III. „	. . . .	5 000— 8 000 „
IV. „	. . . .	4 000— 7 000 „
V. „	. . . .	2 400— 5 000 „
VI. „	. . . .	2 400— 4 800 „
VII. „	. . . .	1 800— 3 600 „
VIII. „	. . . .	1 500— 2 700 „
IX. „	. . . .	1 200— 2 200 „ ;

das neue Gesetz vom 23. Juni 1910 nur deren sieben:

I. Klasse	. . . .	10 000—15 000 Frcs.,
II. „	. . . .	5 200—11 000 „
III. „	. . . .	4 000— 7 200 „
IV. „	. . . .	2 500— 5 500 „
V. „	. . . .	2 100— 3 800 „
VI. „	. . . .	1 600— 3 100 „
VII. „	. . . .	1 400— 2 500 „ .

Bei Festsetzung der Gehaltsansätze mußte ein billiger Ausgleich gesucht werden zwischen der Rücksichtnahme auf die teurer gewordene Lebensführung der Beamten einerseits und die finanzielle Lage der Bundesbahnen andererseits; dabei konnte nicht unbeachtet bleiben, daß die Gehälter bei der allgemeinen-Bundesverwaltung, namentlich bei der Postverwaltung, erheblich höher waren als bei den Bundesbahnen und daher in den Eingaben des Personals zur Vergleichung angerufen wurden; eine Gleichstellung hätte aber eine zu große Ausgabenvermehrung veranlaßt und zudem eine ungünstige Einwirkung auf die Löhne der einheimischen Industrie zur Folge gehabt. Die Lohnzahlung an die Arbeiter steht nämlich im direkten Zusammenhang mit den Gehältern der Beamten und Angestellten, da eine Reihe von Arbeitern in das Beamtenverhältnis übergeführt wurde und daher die Dienstverrichtungen von Beamten der unteren Stufen und von Arbeitern vielfach die gleichen sind. Ein gewisser Unterschied zwischen den Gehältern der Bundesbeamten und der Bundesbahnbeamten erschien auch gerechtfertigt wegen der besonderen Nebenvorteile, die diese genießen, wie Jahresfreikarten und Freischeine, Fahrkarten für Beamte und ihre Familienmitglieder zu ermäßigter Taxe und insbesondere die Leistungen der Pensions- und Hilfskasse.

Sehr umstritten war die Festsetzung des Mindestbetrags der untersten Gehaltsstufe, der schließlich vom alten Satze von 1 200 Frcs. auf 1 400 Frcs. erhöht wurde, jedoch in der Annahme, daß dieser Mindestsatz nur Anwendung zu finden habe für die alleruntersten Dienststellen. Auf dieses Minimum baut sich die Bestimmung der Gehälter systematisch auf, in Würdigung der jeder Stelle zufallenden Verrichtungen und Verantwortlichkeiten. Das Besoldungsgesetz bietet nur den Rahmen, während der Ausbau Sache der Gehaltsordnung ist, die vom Bundesrat auf Vorschlag des Verwaltungsrates zu erlassen war. Da diese Gehaltsordnung vom 27. Juni 1911 erst den richtigen Einblick in die Regelung der Besoldungsverhältnisse gewährt, fügen wir sie als Anlage 2 (s. S. 59 ff.) bei. Es sind durchweg erhebliche Erhöhungen vorgesehen, mit Ausnahme der Gehälter für die Mitglieder der Generaldirektion und der Kreisdirektionen, die unverändert blieben. Die Besserstellung konnte nicht gleichmäßig durchgeführt werden; sie mußte in den unteren Gehaltsstufen prozentual höher sein, um das für den Lebensunterhalt einer Familie durchaus Notwendige zu bieten. Erhöht wurden auch die Ansätze für die alle drei Jahre von selbst eintretende Gehaltsaufbesserung:

500 Frcs. für die Klassen I und II,
400 „ „ „ „ III, IV und V und
350 „ „ „ „ VI und VII

gegenüber den Ansätzen des alten Gesetzes:

500 Frcs. für die I. und II. Klasse und nur
300 „ „ alle anderen.

Die Mehrkosten, die jährlich aus dem neuen Besoldungsgesetz erwachsen werden, wurden, mit Inbegriff der durch die Gehaltserhöhungen bedingten Mehreinlagen der Verwaltung in die Pensions- und Hilfskasse, auf rund vierzehn Millionen Franken berechnet (die Personalausgaben haben 1910 im ganzen rund 60 625 000 Frcs. betragen). Um die Belastung nur nach und nach eintreten zu lassen, wurde das Gesetz in der Hauptsache erst auf den 1. April 1912 anwendbar erklärt und für die Zeit vom 1. Januar 1911 bis 31. März 1912 den Beamten eine außerordentliche Zulage von jährlich 200 Frcs. bewilligt. Dadurch wurden schon für 1911 rund sechs Millionen für Gehaltsaufbesserung verwendet, so daß für die künftigen Jahre für das gesamte Bundesbahnnetz mit Inbegriff der Linien der Gotthardbahn nur noch mit einer weiteren Mehrausgabe von rund acht Millionen zu rechnen ist. Der Rechnungsabschluß von 1911 berechtigt zu der Erwartung, daß diese Last ohne Störung des Gleichgewichtes ertragen werden kann.

Die Vorberatung der Gehaltsordnung erforderte nicht weniger Mühe und Zeit als die des Besoldungsgesetzes. Der Vorschlag des Verwaltungsrates wurde vom Bundesrate mit Beschluß vom 27. Juni 1911 genehmigt mit der einzigen Ausnahme, daß die Lokomotivführer in eine höhere Gehaltsstufe versetzt wurden (2 200—3 500 Frcs. statt 2 100 bis 3 400 Frcs. ohne Nebenbezüge).

Der Änderung der Gehaltsordnung wird noch die der Reglements für die Nebenbezüge folgen; diese bestimmen die zum Teil in festen Zulagen bestehenden, zum Teil nach den wirklichen Leistungen bemessenen Vergütungen: die Entschädigungen an das Zug-, Lokomotiv- und Dampfbootpersonal für die im Dienst zurückgelegten Kilometer (Kilometergeld), für Reservedienst, für Übernachten außerhalb des ständigen Dienstsitzes u. dgl. Als feste Zulagen für Nebenbezüge werden im Jahre vergütet den Oberzugführern und deren Gehilfen 720 Frcs., den Zugführern 600 Frcs.; den Kondukteuren und Bremsern 480 Frcs., den Lokomotivführern auf Hauptlinien 900 Frcs., auf Nebenlinien, im Reserve- und Rangierdienst 720 Frcs., den Heizern auf Hauptlinien 600 Frcs., auf Nebenlinien 480 Frcs. Dem Fahrpersonal werden ferner Ersparnisprämien für den Verbrauch von Brenn- und Schmiermaterial verabfolgt. Besondere Vorschriften bestehen für Überzeitarbeit und deren Vergütung. Änderungsbedürftig ist auch das Reglement über Abgabe von Dienstkleidern und das über Entschädigungen für Dienstreisen.

Die Ausarbeitung der neuen Lohnreglements für die Arbeiter des Betriebes und der Werkstätten wurde ebenfalls in die Hand genommen, diese sind am 1. April 1912 in Kraft getreten. Die Grundlage dieser Reglements ist die gleiche wie bisher („Archiv“ 1905, Seite 108). Da die Arbeiter der dem Fabrikgesetz unterstellten Werkstätten nur für die sechs wirklichen Arbeitstage in der Woche bezahlt werden, die Arbeiter des Betriebes aber für volle sieben Tage, auch für die gesetzlich vorgeschriebenen Ruhetage, sind die für die Stunde berechneten Lohnsätze der beiden Gattungen verschieden. Für die Werkstättenarbeiter, deren tägliche Arbeitszeit 9 Stunden beträgt, besteht ein Mindestsatz für die Stunde, der, den örtlichen Lebensverhältnissen der verschiedenen Werkstätten angepaßt, einen ordentlichen Höchstsatz, für jeden erreichbar, und einen außerordentlichen Höchstsatz nur für besondere individuelle Fähigkeiten und Leistungen vorsieht. Die Arbeiter sind in drei Klassen eingeteilt: I. Klasse: Handwerker, die sich über eine genügende Lehrzeit und entsprechende Fähigkeiten in ihrem Berufe ausweisen; II. Klasse: Handwerker, die den Anforderungen der ersten Klasse nicht genügen, Handwerkergehilfen und Arbeiter an Maschinen; III. Klasse: Handlanger. Die Löhne sind in Rappen (Cts.) für die Stunde abgestuft wie folgt:

	Mindestlohn		Ordentl Höchstlohn		Außerordentl. Höchstlohn	
	alt	neu	alt	neu	alt	neu
I. Klasse . . .	40 - 46	54—60	56—62	74 - 80	74	94
II. Klasse . . .	34—40	48 - 54	43 - 49	60 - 66	56	78
III. Klasse . . .	32—38	46 - 52	38—44	55 - 61	48	68

Alle zwei Jahre tritt eine Aufbesserung des Lohnes bis zur Erreichung des ordentlichen Höchstsatzes ein von 5 Rappen für die Arbeitsstunde für die I. Klasse, 4 Rappen für die II. Klasse und 3 Rappen für die III. Klasse.

Für neu eintretende Arbeiter während der Probezeit, für minderjährige und gebrechliche Arbeiter gelten diese Ansätze nicht. Zulässig ist die Vereinbarung einer Akkordsumme (Stücklohn) für die Ausführung bestimmter, genau zu umschreibender Arbeiten, wobei dem Arbeiter zum mindesten die Zahlung auf Grundlage des Stundenlohnes bei richtiger Arbeitsleistung gesichert ist.

Die Arbeiter beim Betriebe sind nach ihren Dienstverrichtungen in vier Lohnklassen eingeteilt; bei Festsetzung des Anfangslohnes werden die örtlichen Lebensverhältnisse berücksichtigt. Der Mindesttaglohn beträgt laut Reglement für ständige Arbeiter 3,80 Frcs., der Höchsttaglohn für die I. Klasse 6 Frcs., für die II. Klasse 5,80 Frcs., für die III. Klasse 5,50 Frcs. und für die IV. Klasse 5,10 Frcs. Für Handwerker und besondere Berufsarbeiter können diese Ansätze überschritten werden. Die Aufbesserung nach zwei Jahren beträgt bis zur Erreichung des Höchsttaglohnes 40 Rappen für den Tag und kann für Handwerker und besondere Berufsarbeiter bis auf 60 Rappen erhöht werden. Die Dauer der Arbeitszeit ist durch das Bundesgesetz vom 19. Dezember 1902, betreffend die Arbeitszeit beim Betriebe der Eisenbahnen und anderer Verkehrsanstalten („Archiv" 1903, Seite 711) geordnet und innerhalb dessen Grenzen durch besondere Beschlüsse für die einzelnen Arbeitsleistungen. Wenn ausnahmsweise über diese festgelegte Arbeitszeit hinaus gearbeitet werden muß, wird für die Stunde ein Zehntel des Taglohns mit 25 % Zuschlag vergütet.

Die Anwendung dieser Vorschriften war von jeher eine für das Personal günstige. Diese Übung wurde unterstützt durch die von allen Seiten eingehenden Eingaben um Besserstellung, die sich auf die eingetretene Teuerung beriefen und namentlich auf die in größeren Verkehrsmittelpunkten von kantonalen und städtischen Industrien bezahlten Löhne hinwiesen. Diesen Bestrebungen mußte auch die Abänderung der Lohnreglemente im Frühjahr 1912 gerecht werden.

Für Beamte und Arbeiter ist die Bestimmung gemeinsam, daß nach zurückgelegter Dienstzeit von fünfundzwanzig und vierzig Jahren eine Gratifikation von einem Monatsgehalt gewährt wird.

Die Zahl der Beamten, Angestellten und Arbeiter war folgende am Ende des Jahres:

	Beamte und Angestellte	Arbeiter	zusammen
1902	8 180	6 963	15 143
1903	14 409	10 143	24 452
1904	16 501	10 022	26 523
1905	17 301	9 852	27 151
1906	18 389	10 253	28 642
1907	19 498	11 737	31 235
1908	20 348	9 985	30 333
1908 mit G. B. . . .	—	—	35 897
1909	23 086	11 593	34 679
1910	23 047	11 640	34 687
1911	23 448	11 744	35 192

Die Zahlen der Geschäftsberichte und der statistischen Tabellen stimmen nicht genau überein; die obenstehenden sind letzteren entnommen.

e) Die Wohlfahrtseinrichtungen für das Personal.

Bei den verstaatlichten Bahnen waren für die Beamten und ständigen Angestellten Hilfs- und Pensionskassen eingerichtet. Die Bundesbahnen haben diese Kassen zugunsten des Personals ganz erheblich verbessert, indem die auf den 1. Januar 1907 in Kraft getretenen Statuten der einheitlichen Pensions- und Hilfskasse die Beteiligung der Kassenmitglieder bis zu einem Maximum von 6 000 Frcs. ermöglichen, während bei den Kassen der Privatbahnen das Maximum sich zwischen 3 000 Frcs. und 4 200 Frcs. bewegte. Auch die Höhe der im Falle der Invalidität (Erwerbsunfähigkeit) zugesicherten Pensionen steigt je nach dem Dienstalter der Versicherten von 36 % mit 5 Dienstjahren bis auf 70 % mit 30 Dienstjahren, während früher die Ansätze erheblich niedriger waren. Für das Personal des Fahrdienstes zählt für die Bemessung der Gehaltsprozente jedes Dienstjahr als ein und ein achtel Jahr. Gleichwohl wurden die von den Mitgliedern zu leistenden Beiträge nicht erhöht: die regelmäßigen Einlagen betragen nur 5 % des Gehaltes (beim Fahrpersonal 5¼ %), während die Verwaltung ihrerseits 7 % (beim Fahrpersonal 7¼ %) einwirft. Die Einlage der Mitglieder bei Gehaltserhöhungen beträgt nur 4 Monatsbetreffnisse des Gehaltes, die der Verwaltung 5 Monatsbetreffnisse. Die Mitgliedschaft ist für alle Beamten und ständigen Angestellten obligatorisch; ausgeschlossen sind nur solche, die sich nicht über einen guten Gesundheitszustand ausweisen können oder das fünfunddreißigste Altersjahr überschritten haben. Bis zum 40. Altersjahr kann der Beitritt ausnahmsweise gegen Nachzahlung der regelmäßigen Einlagen von der Generaldirektion gestattet werden. Haftpflichtfälle sind von der Abfindung durch die Pensionskasse ausgeschlossen und werden ausschließlich zu Lasten der Bahnbetriebsrechnung erledigt; immerhin hat die Pensionskasse für den Unterschied aufzukommen, falls deren Leistung größer wäre, als die gesetzliche Haftpflichtentschädigung. Die Pensionen werden verabfolgt an Invalide, die nach mindestens fünfjährigen Dienst dienstunfähig geworden sind, an deren Witwen und Waisen. Solche, die vor Ablauf von fünf Jahren dienstunfähig werden, erhalten eine einmalige Abfindung, die von 50 % des anrechenbaren Jahresverdienstes im ersten Dienstjahre auf 150 % im angetretenen fünften Dienstjahre steigt; Witwen erhalten die Hälfte dieser Abfindung, Waisen unter 18 Jahren dazu noch ein Fünftel oder, wenn keine Witwe da ist, die Hälfte. Bei vorübergehender Arbeitsunfähigkeit wird für die ersten drei Monate das Gehalt von der Betriebskasse voll bezahlt, von der Pensionskasse für weitere drei Monate 75 % und für höchstens sechs weitere Monate 50 %. Dauert die Erkrankung länger, so tritt Pensionierung ein. Wenn ein Kassenmitglied nach Ablauf von fünf Dienstjahren ledig oder als Witwer ohne Kinder stirbt und bedürftige Eltern oder bedürftige erwerbsunfähige Geschwister hinterläßt, beziehen diese während der Dauer der Bedürftigkeit 30 % der statutarischen Pension. Außerdem erhalten die Hinterlassenen eines verstorbenen Mitgliedes ein Sterbegeld von 100 Frcs. Bei der Verwaltung der Pensionskasse sind die Beamten und Angestellten beteiligt durch Vertretung in den Hilfskassenkommissionen bei der Generaldirektion und bei den Kreisdirektionen durch je zehn Mitglieder und zehn Ersatzmänner, sowie durch Ernennung von je vier Delegierten durch die Hilfskassenkommission zur jährlich mindestens einmal zusammentretenden Delegiertenversammlung. Erstere bewilligen die in den Statuten vorgesehenen Entschädigungen und Pensionen und können mit Begutachtung besonderer die Beamtenversicherung betreffenden Fragen beauftragt werden. Letzterer werden die von der Generaldirektion den Bundesbehörden einzureichende Jahresrechnung, die Bilanz und der Jahresbericht von der Hilfskassenverwaltung zur Äußerung vorgelegt, ebenso ein Verzeichnis der Anlage der Gelder der Pensionskasse; auch sie hat ihr von der Generaldirektion vorgelegte besondere Fragen der Beamtenversicherung zu begutachten; sie ist befugt, Anregungen wegen der allgemeinen Verwaltung der Pensionskasse und Abänderung der Statuten zu machen.

Das Vermögen der Pensionskasse, in die die Aktiven der früheren Pensions- und Hilfskassen der verstaatlichten Bahnen eingeworfen worden sind, ist von Ende 1907 bis Ende 1911 von 58 710 083 Frcs. auf 87 129 718 Frcs. gestiegen. Dieses Vermögen reicht aber nicht hin zur Deckung der versicherungstechnischen Ansprüche an die Kasse; das versicherungstechnische Defizit betrug vielmehr bei Übernahme der Verpflichtungen der Hilfskassen der damals verstaatlichten Bahnen Ende 1907 23 166 244 Frcs. und Ende 1911 25 882 891 Frcs., obwohl die Bundesbahnverwaltung zu dessen Tilgung einen jährlichen Zuschuß von 915 000 Frcs. gibt. Wenn die Erfahrungen einer längeren Periode vorliegen werden, dürften weitere Maßnahmen zur Besserung der Kasse nicht zu vermeiden sein. Die Hilfs- und Pensionskasse der Gotthardbahn ist mit der der Bundesbahnen noch nicht vereinigt. Deren versicherungstechnisches Defizit soll nach der Bewertung durch eine vom Bundesgericht ernannte Kommission von Sachverständigen 4 Millionen Franken betragen; eine von der Hilfskassenverwaltung der Bundesbahnen vorgenommene Berechnung hatte eine wesentlich höhere Summe ergeben.

* * *

Auch die am 1. Mai 1910 in Wirksamkeit getretene Kranken- und Hilfskasse für die ständigen Arbeiter der Bundesbahnen stellt einen wesentlichen Fortschritt gegenüber den von den verstaatlichten Bahnen übernommenen Krankenkassen dar. Diese waren Krankenkassen im engeren Sinne und gewährten nur Krankengeld und ärztliche Hilfe für den Fall der Krankheit und auch dieses nur für eine beschränkte Zeit. Einzig die Krankenkasse der Jura-Simplonbahn kannte neben der Krankenversicherung auch eine Versicherung im Invaliditäts- und im Todesfalle in beschränktem Umfang. Der Verwaltungsrat hatte für die nicht der letztgenannten Kasse angehörenden Arbeiter mit Beschluß vom 23. April 1903 in der Weise vorläufig Abhilfe getroffen, daß arbeitsunfähig gewordenen Arbeitern mit wenigstens fünfzehnjähriger Dienstzeit eine Unterstützung von 1,50 Frcs. pro Tag gewährt wurde.

Die einheitliche Krankenkasse der Bundesbahnen sorgt in erster Linie für die Krankenversicherung. Die Kassenmitglieder haben vom dritten Tage der Erkrankung an Anspruch auf ein tägliches Krankengeld in der Höhe von 75 % des entgangenen Tagesverdienstes für eine Krankheitsdauer bis zu sechs Monaten und von 50 % für weitere sechs Monate. Als entgangener Tagesverdienst gilt der Tagesverdienst bei voller Arbeitszeit zur Zeit der Erkrankung. Außerdem besteht der Anspruch auf unentgeltliche ärztliche Behandlung oder Spitalverpflegung sowie auf unentgeltliche Verabfolgung der notwendigen Heilmittel, und zwar auf eine Dauer von höchstens zwölf Monaten. Die ärztliche Behandlung muß durch einen Kassenarzt stattfinden. Als Kassenarzt gilt aber jeder in der Schweiz diplomierte Arzt, der den von der Kasse für das Honorar für Konsultationen und Hausbesuche anerkannten Tarif sowie die Instruktionen für die Organisation des ärztlichen Dienstes anerkennt. Andere diplomierte Ärzte dürfen beigezogen werden; sie werden aber auch nur nach dem genannten Tarif entschädigt. Falls die Beiziehung von Spezialisten nötig wird, erhalten diese volle Vergütung. Auf Anordnung des behandelnden Arztes haben die Kassenmitglieder auch Anspruch auf unentgeltliche Verpflegung in einer mit den Bundesbahnen im Vertragsverhältnis stehenden öffentlichen oder privaten Heilanstalt. Die notwendigen Heilmittel sind aus einer Kassenapotheke zu beziehen, d. h. aus einer staatlich anerkannten Apotheke, die für die Lieferung von Arzneimitteln den von den Bundesbahnen aufgestellten Tarif anerkennt. Auf Anordnung des behandelnden Arztes werden ferner notwendige optische oder orthopädische Apparate, wie Brillen, Bruchbänder, künstliche Körperteile u. dgl. unentgeltlich verabfolgt. Endlich werden Beiträge zu den Kosten eines notwendigen Aufenthaltes in einer Kuranstalt (Sanatorium) verabfolgt, in der Höhe von 2 Frcs. täglich bis auf sechs Wochen und von 1 Frcs. bis auf höchstens zwölf Wochen. Für Unverheiratete, die weder bedürftige Eltern oder Kinder, noch bedürftige Geschwister unterstützen, wird der Beitrag auf 1 Frcs. und 75 Cts. herabgesetzt. Im Todesfall wird den Hinterbliebenen ein Sterbegeld von 80 Frcs. bezahlt.

Die Kassenmitglieder sind auch gegen Invalidität und Todesfall versichert. Solche, die das zehnte Dienstjahr zurückgelegt, aber das fünfzehnte noch nicht erreicht haben, beziehen eine einmalige Abfindung, die im angetretenen elften Dienstjahre 40 % des Jahresverdienstes beträgt und bis auf 80 % im angetretenen fünfzehnten Dienstjahre steigt. Witwen fällt die Hälfte und Waisen unter 18 Jahren die andere Hälfte dieser Abfindung zu. Nach zurückgelegtem fünfzehnten Dienstjahre werden lebenslängliche Pensionen gezahlt, die mit 1,50 Frcs. für den Tag beginnen und bis zum zurückgelegten fünfundzwanzigsten Dienstjahr um je 5 Cts. steigen, von da an bis zum zurückgelegten dreißigsten Dienstjahr um je 10 Cts. für den Tag und somit von da an 2,50 Frcs. ausmachen. Bedürftigen Familienvätern kann durch besonderen Beschluß der zuständigen Krankenkassenkommission ausnahmsweise ein erhöhter Beitrag zu den notwendigen Kur- oder sonstigen Krankenkosten bewilligt werden, wenn die Krankenversicherung Überschüsse zeigt, die zu diesem Zwecke einem besonderen Fonds zugewiesen werden.

Die Mittel für die Krankenversicherung werden aufgebracht durch eine Einlage der Kassenmitglieder in der Höhe von 3 % des anrechenbaren Jahresverdienstes; die Bundesbahnverwaltung leistet einen regelmäßigen Beitrag von 1 % und deckt etwaige Ausfälle. An die Invaliden- und Todesversicherung leisten die Kassenmitglieder nur einen Beitrag in Höhe von 1 % des Jahresverdienstes; der erforderliche Rest wird von der Bundesverwaltung eingeschossen. Nach der Wahrscheinlichkeitsrechnung werden die Beiträge der Bundesbahnen an letztere Versicherung mit 199 000 Frcs. im Jahr beginnen und nach 40 Jahren den Höhepunkt mit jährlich 444 000 Frcs. erreichen.

An der Verwaltung der Krankenkassen sind die Kassenmitglieder beteiligt durch Ernennung von je sechs Mitgliedern und sechs Ersatzmännern der Krankenkassenkommissionen, die für jede Kreiskankenkasse und jede Werkstätte gebildet sind. Sie beschließen über die Ausrichtung der statutarischen Entschädigungen und bezeichnen die erforderliche Zahl von Krankenbesuchern aus der Mitte der versicherten Arbeiter. Sie wählen je zwei Delegierte in die Delegiertenversammlung der Krankenkassenkommissionen. Die Befugnisse der Delegiertenversammlung und der Krankenkassenkommissionen sind im übrigen die gleichen wie die der Hilfskassenkommissionen bei der Pensionskasse. Da die Krankenkasse erst am 1. Juli 1910 in Wirksamkeit getreten ist, so läßt sich über deren finanzielle Ergebnisse vorläufig nur sagen, daß im ersten Halbjahr die Krankenversicherung einen Überschuß von rund 78 300 Frcs. zeigt, die Invaliden- und Todesversicherung dagegen einen von der Bundesverwaltung gedeckten Ausfall von 63 200 Frcs.

* * *

Bei den Bundesbahnen sind alle übrigen von den verstaatlichten Bahnen übernommenen Begünstigungen für das Personal erhalten und zum Teil erweitert worden. Dazu zählen die Freifahrten. An Beamte sind im Jahre 1911 1 497 Jahresfreikarten abgegeben worden, davon 369 gültig für das ganze Bundesbahnnetz und 1 128 gültig für dieLinien einzelnor Kreise. Die nicht mit Jahresfreikarten bedachten Beamten und ständigen Arbeiter haben Anspruch auf Gewährung von Freischeinen für zwölf einzelne Fahrten. Zufolge der Vereinbarungen mit anderen Transportanstalten kann freie Fahrt auch auf diesen bewilligt werden. Zwei Freischeine im Jahr für einzelne Fahrten werden auch an die Familienmitglieder der Beamten, Angestellten und Arbeiter abgegeben. Die Zahl der 1911 ausgegebenen Freischeine beträgt 354 105.

Neben den Freifahrten ist die Einrichtung der Beamtenbilletts übernommen und fortgesetzt worden. Beamten, Angestellten und Arbeitern sowie deren Familienangehörigen werden sog. Beamtenbiletts in unbeschränkter Zahl zum Preise von einem Fünftel der Taxe einfacher Fahrt abgegeben.

In der Abgabe von Abonnements zu ermäßigter Taxe waren bei den verstaatlichten Bahnen verschiedene, voneinander abweichende Vorschriften vorhanden. Diese wurden vereinheitlicht im Sinne der Übertragung der günstigsten auf das ganze Bahnnetz. Beamte, Angestellte, Arbeiter und Lehrlinge, denen gestattet worden ist, außerhalb ihres Dienstortes zu wohnen, erhalten Abonnementsbilletts zur täglichen Fahrt vom Wohnort zum Dienstort für ein, drei, sechs und zwölf Monate zum Preise von einem Fünftel der gewöhnlichen tarifmäßigen Abonnementstaxe; ferner die Arbeiter Arbeiterabonnements vom Wohnsitz zum Orte, wo sie beschäftigt werden, ebenfalls zu einem Fünftel der tarifmäßigen Abonnementstaxe, und endlich die Kinder von Beamten, Angestellten und Arbeitern für Reisen zum Schulbesuche oder zur Erlernung eines Berufes Schülerabonnements zu einem Fünftel der tarifmäßigen Taxe.

Die Benutzung der Krankenwagen ist dem Personal für sich und seine Familienmitglieder zu einem Drittel der tarifmäßigen Gebühren gestattet. Die Leichen verstorbener Beamten, Angestellten und Arbeiter werden unentgeltlich, die ihrer Familienmitglieder zu einem Drittel der tarifmäßigen Taxe befördert.

Beim Eintritt in den Dienst, bei Versetzung von einem Dienstort an einen anderen, beim Austritt aus dem Dienst und bei Verheiratung wird den Beamten und Angestellten in der Regel frachtfreier Transport des Hausrates bewilligt.

Die Unterkunftslokale zum Übernachten und zum vorübergehenden Aufenthalt am Tage für das Fahr- und Zugpersonal auf den Depotstationen werden nach und nach verbessert und namentlich beim Umbau der Bahnhöfe auf Einrichtung gesunder und bequemer Räume Bedacht genommen. Auch die Bade- und Wascheinrichtungen für das Personal werden stetig verbessert.

Die Abgabe von Erfrischungen zur warmen Jahreszeit und von warmen Getränken im Winter an das Personal zu Selbstkosten oder noch billiger wird weiter entwickelt und den jeweiligen lokalen Verhältnissen angepaßt. Es ist auch durch besondere Speiseanstalten oder durch Abmachungen mit Bahnhofswirtschaften dafür gesorgt, daß Mahlzeiten zu angemessenem Preise abgegeben werden.

Durch Beschluß des Verwaltungsrates vom 28. April 1911 ist die Unterstützung von Baugenossenschaften des Personals f ü r d e n B a u b i l l i g e r W o h n u n g e n ermöglicht worden. Die Bundesbahnen bewilligen aus den verfügbaren Mitteln der Pensions- und Hilfskasse an Baugenossenschaften, die sich zum Bau von Wohnhäusern zur Vermietung an das Personal bilden, D a r l e h e n unter folgenden Bedingungen:

1. Eine finanzielle Unterstützung wird gewährt, wenn sich am Platze, wo die Baugenossenschaft gebildet wird, für das Personal eine erhebliche Wohnungsnot fühlbar macht.

2. Die Genossenschaft muß lebensfähig und die Aufbringung der Mittel zur Bestreitung des Grunderwerbs und der Bauausführung muß gesichert sein. Jede Genossenschaft, die ein Darlehensgesuch einreicht, hat an der Hand eines genauen Vorschlages darzutun, daß nach Fertigstellung der genossenschaftlichen Wohnungen die laufenden jährlichen Betriebseinnahmen zur Deckung der laufenden jährlichen Betriebsausgaben, einschließlich Verzinsung und Tilgung der Darlehen, ausreichen.

3. Die Darlehen dürfen im Maximum den Betrag des Unterschiedes zwischen $^2/_3$ der Grunderwerbungs- und Baukosten, die die Genossenschaft bei Dritten aufzunehmen hat, und 90 % der nämlichen Kosten betragen; die Genossenschaft hat den Nachweis zu leisten, daß die restlichen 10 % bereits einbezahlt sind.

4. Die Genossenschaft entrichtet den Bundesbahnen für Verzinsung und Abzahlung eine feste Annuität von 4½ % des geliehenen Kapitals, gleich einer jährlichen Verzinsung von 4% und einer anfänglichen Abzahlung von ½%.

5. Die Darlehen werden durch Hypotheken im zweiten Range auf den Liegenschaften der Genossenschaft sichergestellt.

6. Gegenteilige Vereinbarung vorbehalten, sind die Darlehen von beiden Seiten und zu jeder Zeit, unter Berücksichtigung der gesetzlichen Kündigungstermine, kündbar.

Wenn die Genossenschaft ihre Liegenschaften ganz oder teilweise veräußert, werden die Darlehen sofort fällig. Ebenso werden die Darlehen sofort fällig, wenn die Gebäude nicht in gutem Zustande unterhalten werden.

Bei der Veräußerung einer Liegenschaft an einen Genossenschaftler bleibt die Genossenschaft gleichwohl Schuldnerin des von den Bundesbahnen für diese Liegenschaft bewilligten Darlehens. In diesem Fall ist die Genossenschaft verpflichtet, den vom Käufer nach Maßgabe der Ziffern 3 und 4 hiervor zu ihren Gunsten zu errichtenden Schuldbrief im zweiten Range an Stelle der Hypothek als Sicherheit zu hinterlegen.

7. Die mit Hypotheken belasteten Häuser sollen gegen Feuerschaden versichert sein. In den Kantonen ohne obligatorische Gebäudeversicherung soll den Bundesbahnen der Nachweis über den Abschluß einer Versicherung und die Entrichtung der Prämien erbracht werden. Im Falle eines Feuerschadens wird über die von der Versicherung ausbezahlten Entschädigungen nach den gesetzlichen Vorschriften verfügt.

8. Die Bundesbahnen bewilligen in keinem Falle Baukredite oder Garantieleistungen für solche.

9. Die Genossenschaft muß gesetzlich konstituiert und im Handelsregister eingetragen sein.

10. Die Statuten der Genossenschaft müssen folgende Bedingungen enthalten:

a) Zweck der Genossenschaft soll der Bau billiger und gesunder Wohnhäuser für ihre Mitglieder innerhalb oder in nächster Nähe des Genossenschaftssitzes sein.

b) Die Genossenschaft muß wenigstens 30 Mitglieder zählen. Der Geschäftsanteil jedes Genossenschafters darf nicht unter 300 Frcs. betragen.

c) Die Mitgliedschaft kann nur von im aktiven Dienst stehenden oder pensionierten Beamten, Angestellten und Arbeitern oder deren Hinterlassenen erworben werden.

d) Die Wohnungen sollen an die Genossenschafter vermietet sein, doch sollen wenigstens zwei Drittel für die im aktiven Dienste stehenden Mitglieder vorbehalten bleiben.

e) In den Gebäuden der Genossenschaft soll jeder Ausschank von alkoholhaltigen Getränken verboten sein.

f) Die Genossenschaft darf nur in ganz ausnahmsweisen Fällen, nach Beschluß der Genossenschaftsversammlung und unter der Bedingung des Ausschusses jeglicher Spekulationsabsicht, ihre Liegenschaften veräußern.

g) Die Genossenschaft soll ihre Gebäulichkeiten immer in einem guten baulichen Zustand erhalten.

h) Die Genossenschaft ist zur Anlage eines Reservefonds verpflichtet, in den neben Geschenken, Legaten und Eintrittsgeldern 25 % des reinen Jahresergebnisses fließen sollen. Dieser Reservefonds ist bis auf wenigstens 10 % des in der Bilanz eingestellten Wertes der Liegenschaften der Genossenschaft zu bringen und zu erhalten. Von den verbleibenden 75 % des reinen Jahresertrages darf auf die Anteilscheine eine Dividende von höchstens 4½ % verteilt werden.

i) Die Auflösung der Genossenschaft soll sich nach den gesetzlichen Bestimmungen vollziehen. Nach Bezahlung der Schulden werden den Genossenschaftern ihre Anteilscheine zum Nennwerte zurückbezahlt. Der verbleibende Aktivsaldo fließt in die Pensions- und Hilfskasse der schweizerischen Bundesbahnen.

k) Die Generaldirektion ist berechtigt, ein Mitglied in den Vorstand und in die Kontrollstelle zu wählen.

11. Die Genossenschaft ist gehalten, der Generaldirektion sämtliche Jahresberichte, Rechnungen und Bilanzen einzusenden. Sie ist ferner verpflichtet, dieselbe über alle Angelegenheiten, die den Geschäftsgang der Genossenschaft ungünstig beeinflussen könnten, sofort in Kenntnis zu setzen. Die Bundesbahnverwaltung hat das Recht, jederzeit sofortige Auskunft über den Geschäftsgang der Genossenschaft zu verlangen.

Auf dieser Grundlage haben sich bereits Baugenossenschaften in St. Gallen, Olten, Luzern und Erstfeld gebildet.

f) Betriebsunfälle.

Die Bundesbahnen sind während der ersten zehn Jahre von keinem großen Betriebsunfall betroffen worden.

Die Statistik weist folgende Unfälle nach, wobei zu beachten ist, daß laut Vorschrift bei den Verletzungen von Personen auch ganz leichte Unfälle aufgeführt werden müssen, insofern sie eine Arbeitsunfähigkeit von mehr als sechs Tagen zur Folge haben:

1. Unfallereignisse.

	Entgleisungen		Zusammenstöße		Sonstige Unfälle	Zusammen
	im ganzen	auf 1 Million Zugkm	im ganzen	auf 1 Million Zugkm		
1903	24	1,05	27	1,18	808	859
1904	35	1,45	15	0,62	951	1 001
1905	34	1,34	20	0,79	1 094	1 148
1906	29	1,08	27	1,01	1 236	1 292
1907	43	1,35	33	1,12	1 500	1 576
1908	39	1,26	17	0,56	1 416	1 472
1909	30	0,93	19	0,59	1 287	1 336
1910	41	1,22	14	0,42	1 258	1 313
1911	34	0,98	25	0,72	1 417	1 476

2. Todesfälle und Verletzungen.

a) Reisende.

	Todesfälle		Verletzungen		Zusammen	
	im ganzen	auf 1 Million Personenkm	im ganzen	auf 1 Million Personenkm	im ganzen	auf 1 Million Personenkm
1903	18	0,0170	70	0,0662	88	0,0832
1904	10	0,0088	60	0,0529	70	0,0617
1905	9	0,0070	79	0,0613	88	0,0683
1906	10	0,0069	82	0,0568	92	0,0637
1907	8	0,0052	113	0,0721	121	0,0773
1908	14	0,0088	65	0,0408	79	0,0496
1909	10	0,0056	57	0,0323	67	0,0379
1910	6	0,0029	59	0,0290	65	0,0319
1911	12	0,0056	49	0,0230	61	0,0286

b) Bahnpersonal.

	Todesfälle		Verletzungen		Zusammen	
	im ganzen	auf 1 Million Personenkm	im ganzen	auf 1 Million Personenkm	im ganzen	auf 1 Million Personenkm
1903	16	0,69	691	29,73	707	30,42
1904	21	0,85	818	33,20	839	34,05
1905	24	0,93	933	36,22	957	37,15
1906	25	0,92	1 090	39,95	1 115	40,87
1907	35	1,18	1 362	45,33	1 397	46,51
1908	27	0,89	1 269	41,62	1 296	42,51
1909	31	0,96	1 145	35,34	1 176	36,30
1910	28	0,83	1 117	33,12	1 145	33,95
1911	30	0,86	1 269	36,39	1 299	37,25

Es ist somit eine durchschnittliche Verminderung der Unfälle im Verhältnis zu den maßgebenden Verkehrszahlen festzustellen. Während die Zahl der Personenkilometer auf das Kilometer der betriebenen Linien 1901 387 604 war, betrug sie 1910 735 667 und die Zahl der Zugkilometer auf das Kilometer betriebener Linie ist von 8 576 auf 11 684 gestiegen. Das Ergebnis erscheint noch erheblich günstiger, wenn zum Vergleich die Jahre vor der Verstaatlichung beigezogen werden. In der Periode von 1892 bis 1901 war die Zahl der Entgleisungen im Jahresdurchschnitt 34,4, die der Zusammenstöße 22,2; bei den Reisenden die durchschnittliche Zahl der Todesfälle auf 1 Million Personenkilometer 0,0099 und die der Verletzungen 0,0442; beim Bahnpersonal die Zahl der Todesfälle auf 1 Million Zugkilometer 1,08, die der Verletzungen aber 27,12. Die größere Zahl der Verletzungen dürfte auf eine genauere Berichterstattung über unbedeutende Verletzungen zurückzuführen sein. Zur Verminderung der Betriebsunfälle im ganzen haben namentlich beigetragen die Verbesserung der Sicherungsanlagen (Zentralweichenstellungen, Weichenverriegelungen u. dgl.), die Unterdrückung vieler Übergänge in Schienenhöhe, die Verbesserung der Beleuchtung in den Bahnhöfen und größeren Stationen, insbesondere auch in den Güter- und Rangierbahnhöfen, die Vermehrung der Zahl der Bremshütten auf Güterwagen, die Anbringung von Schutzvorrichtungen an den Türen der Personen-, Gepäck- und Güterwagen.

4. Finanzielle Ergebnisse.

Für den Rechnungsabschluß der Bundesbahnen sind in erster Linie die Betriebsergebnisse maßgebend, d e r Ü b e r s c h u ß d e r B e t r i e b seinnahmen (Transporteinnahmen und verschiedene Einnahmen) über die Betriebsausgaben, der in Franken betragen hat:

	im ganzen	für das Bahnkm	für das Zugkm	für das Achskm (Rappen)
1902	27 665 500	18 744	2,00	7,32
1903	38 318 912	15 794	1,68	6,00
1904	37 044 732	15 195	1,58	5,47
1905	40 520 424	16 600	1,60	5,65
1906	45 429 667	18 512	1,70	5,79
1907	46 484 603	18 873	1,60	5,85
1908	41 170 368	16 716	1,38	4,66
1909	53 990 451	20 389	1,69	5,54
1910	70 473 383	25 702	2,12	6,67
1911	71 864 082	26 113	2,11	6,52

Es fällt für die Gewinn- und Verlustrechnung ferner in Betracht die Bewegung des Erneuerungsfonds für Oberbau, Rollmaterial und Mobiliar; die Einlagen in diesen haben die Einnahmen zu Erneuerungszwecken überstiegen um Franken:

1902	1 987 713
1903	2 112 293
1904	1 339 576
1905	1 763 790
1906	162 413
1907	1 622 678
1908	741 809
1909	2 279 586
1910	2 101 195
1911	1 589 934
zusammen . . .	15 700 987.

In den Erneuerungsfonds der Bundesbahnen sind ferner eingelegt worden die Erneuerungsfonds der verstaatlichten Bahnen mit folgenden Beträgen:

Schweizerische Centralbahn	10 414 421
Schweizerische Nordostbahn.	15 855 477
Vereinigte Schweizerbahnen	6 383 066
Jura-Simplonbahn	18 757 236
Gotthardbahn	7 655 797
zusammen . . .	59 065 997
Bestand des Fonds Ende 1911	74 766 984.

Unter den Einnahmen der Gewinn- und Verlustrechnung erscheinen sodann als wesentliche Posten die jedes Jahr wechselnden Erträgnisse verfügbarer Kapitalien, Bauzinsen auf den im Bau begriffenen neuen Linien bis zur Betriebseröffnung, der Ertrag des Dampfschiffbetriebs (1902 und 1903 auf dem Züricher- und Bodensee, von 1904 an nur noch auf dem Bodensee, nachdem die Dampfschiffe auf dem Zürichersee, deren Betrieb Ausfälle ergab, an die Züricher Dampfbootgesellschaft abgetreten worden waren unter Zusicherung einer jährlichen Subvention von 15 000 Frcs. bis Ende 1912) und seit 1906 die Betriebssubvention Italiens an den Simplon mit jährlich 66 000 Frcs.

Den Hauptposten der Ausgaben bildet die Verzinsung der konsolidierten Anleihen, die zufolge der Bezahlung des Rückkaufspreises der verstaatlichten Bahnen und der Deckung der Auslagen zu Lasten der Baurechnung von Ende 1903 bis Ende 1908 von 1 075 152 100 Franken auf 1 149 056 250 Frcs. und bis Ende 1911 auf 1 457 213 350 Franken gestiegen sind.

Die ersten Bundesbeschlüsse, auf denen die Ausgabe dieser Anleihen beruht, sind im Archiv 1905, Seite 120/125 mitgeteilt. Von der Ermächtigung zur Ausgabe 3 proz. Obligationen konnte nur für 150 Millionen Gebrauch gemacht werden; die späteren Bedürfnisse wurden wieder durch 3½ proz. Obligationen gedeckt, nämlich die letzten 3 Millionen der Serie F und je 10 Millionen der Serien G, H, I und K der Emission von 1902, sowie 80 Millionen des 3½ proz. Anlehens von 1910 gemäß Bundesratsbeschluß vom Dezember 1909. Außerdem begaben die Bundesbahnen 4 proz. Depotscheine, bis Ende 1911 im Betrage von 35 900 000 Frcs. Zufolge des Rückkaufes der Gotthardbahn wurde deren konsolidierte Anleihe im Betrage von 116 070 000 Frcs. (Rest Ende 1911 115 530 000 Frcs.) übernommen und eine 4 proz. Bundesanleihe von 1912 83 750 000 Frcs. auf Ende 1911 ausgegeben.

Die Verzinsung dieser Anleihen und die gesetzliche Tilgung des Anlagekapitals innerhalb sechzig Jahre erforderte in Franken:

	Verzinsung	Tilgung
1902	25 173 540	—
1903	36 264 495	4 307 336
1904	36 322 497	4 529 393
1905	35 760 755	4 814 446
1906	39 505 387	5 103 721
1906	39 505 387	5 103 721
1907	40 675 531	5 405 449
1908	40 479 988	4 549 755

	Verzinsung	Tilgung
1909	43 125 384	6 486 698
1910	47 749 431	6 779 181
1911	48 171 208	8 078 980
1902/11		50 054 959.

Außer dieser Tilgung des Anlagekapitals wurden ferner von 1902 bis einschließlich 1911 zu Abschreibungen verwendet:

für Abschreibung untergegangener Anlagen . .	5 822 865
für Tilgung von Kursverlusten und Emissionskosten der Anleihen	6 171 759
Gesamtsumme aller Tilgungen	62 049 583.

Dabei ist nicht gerechnet die jährliche Amortisationsquote von 915 000 Franken zur Deckung des versicherungstechnischen Defizits der Hilfs- und Pensionskasse für die Beamten der Bundesbahnen.

In einen Fonds für Versicherung gegen Feuerschaden wurden seit 1908 jährlich 100 000 Frcs., seit dem Rückkauf der Gotthardbahn 120 000 Frcs. eingelegt, um nach Ablauf der bestehenden Verträge mit Versicherungsgesellschaften den Übergang zur Selbstversicherung zu erleichtern. Der Fonds beträgt Ende 1911 453 300 Frcs.

Die Gewinn- und Verlustrechnung hat bisher folgende Resultate ergeben:

	Einnahmen	Ausgaben	Überschuß
1902	37 825 963	33 403 543	4 422 420
1903	53 848 728	52 818 046	1 030 682
1904	53 667 661	53 606 926	60 735
1905	55 545 363	54 893 629	651 734
1906	58 263 756	53 435 232	4 828 524
1907	58 534 750	55 680 543	2 854 207
1908	53 098 324	55 952 398	— 2 854 074
1909	64 662 073	74 146 447	— 9 484 374
1910	83 078 335	84 613 951	— 1 535 616
1911	85 195 477	79 620 209	5 575 268.

Die Bilanz der Bundesbahnen auf den 31. Dezember 1911 ist auf S. 54/55 veröffentlicht. Die Begründung der einzelnen Posten der Bilanz ergibt sich aus der vorausgehenden Darstellung. Zu bemerken ist nur, daß dem Aktivsaldo der Gewinn- und Verlustrechnung von 5 575 268 Franken der Passivsaldo des Vorjahres mit 1 535 616 Frcs. hinzuzurechnen ist, um den wirklichen Überschuß des Betriebsjahres 1911 zu erhalten;

(Fortsetzung des Textes auf S. 56.)

Bilanz auf

Aktiven.	Frcs.	Cts.	Frcs.	Cts.
I. Baukonto:				
a) Bahnanlage und feste Einrichtungen	1 016 307 952	73		
b) Rollmaterial	226 026 595	43		
c) Mobiliar und Gerätschaften	21 129 958	59	1 263 464 506	75
II. Unvollendete Bauobjekte:				
a) Zentralverwaltung	1 305 633	28		
b) Kreis I	12 473 269	50		
c) Kreis II	15 175 375	51		
d) Kreis III	12 159 822	99		
e) Kreis IV	18 143 982	63		
f) Kreis V	2 572 741	78		
g) Zweiter Simplontunnel	158 608	40		
h) Brienzerseebahn	311 014	27		
i) Nebengeschäfte	—	—	62 300 448	36
III. Überschuß des Rückkaufspreises über die Aktiven der früheren Gesellschaften	.	.	113 917 355	77
IV. Zu amortisierende Verwendungen:				
a) Kursverluste auf Obligationsemissionen	28 816 839	95		
b) Baukosten für Bahnhof- und Stationsumbauten	1 021 055	45	29 837 895	40
V. Verwendung auf Nebengeschäfte:				
Dampfschiffbetrieb auf dem Bodensee	.	.	2 374 838	35
VI. Verfügbare Mittel:				
a) Kassen, Wechsel und Bankguthaben	55 713 198	81		
b) Wertschriften:				
Portefeuille der eigenen Wertschriften 14 085 466 Fr.				
Portefeuille des Erneuerungsfonds 65 429 640 „	79 515 106	—		
c) Entbehrliche Liegenschaften	7 038 512	14		
d) Materialvorräte	32 902 230	91		
e) Verschiedene Debitoren	5 577 806	80	180 746 854	66
			1 652 641 899	29

31. Dezember 1911.

Passiven.	Frcs.	Cts.	Frcs.	Cts.
I. Konsolidierte Anleihen:				
a) Eisenbahnrente 3 % von 1890 . . .	69 333 000	—		
b) Schweiz. Eisenbahnrente von 1900 .	75 000 000	—		
c) Anleihen der S. B. B. von 1899/1902, zu 3½ %	496 500 000	—		
d) Anleihen der S. B. B. von 1910, zu 3½ %	80 000 000	—		
e) Anleihen der S. B. B. von 1912 zu 4%	83 750 000	—		
f) Anleihen der S. B. B. von 1903, zu 3 % (différé)	150 000 000	—		
g) Anleihen der Schweizerischen Centralbahn	98 487 500	—		
h) Anleihen der Schweizerischen Nordostbahn	65 512 500	—		
i) Anleihen der Vereinigten Schweizerbahnen	26 679 800	—		
k) Anleihen der Jura-Simplonbahn. . .	160 520 550	—		
l) Anleihen der Gotthardbahn	115 530 000	—		
m) 4 proz. Depotscheine zugunsten der Pensions- und Hilfskassen	35 900 000	—	1 457 213 350	—
II. Gotthardsubventionen, mit bedingtem Beteiligungsrecht am Betriebsergebnis (pro memoria) 119 000 000 Frcs.	.	.	—	—
II. Amortisationskonto	.	.	50 054 960	80
IV. Schwebende Schulden:				
a) Verfallene Obligationen und Coupons	3 281 940	33		
b) Noch nicht verfallene Ratazinse . . .	5 634 643	35		
c) Guthaben der Unterstützungskassen:				
1. Pensions- und Hilfskasse der S. B. B. . 104 925,62 Fr.				
2. Kranken- und Hilfskasse der ständigen Arbeiter S. B. B. . 103 748,85 „				
3. Fonds für außerordentl. Unterstützungen der S. C. B. . . 1 802,55 „				
4. Pensions- und Hilfskasse der G. B. . . 26 562,80 „				
5. Fonds für hervorragende Leistungen im Betriebsdienst der GB. 807,65 „	237 847	47		
d) Kautionen von Unternehmern und Lieferanten	714 485	70		
e) Verschiedene Kreditoren	35 525 971	95		
f) Durch die Kassen im Jahre 1912 reglierte Ausgaben und Einnahmen des Jahres 1911 (Saldo)	18 129 206	83	63 524 095	63
V. Spezialfonds:				
a) Erneuerungsfonds	74 766 984	34		
b) Fonds zur Deckung der Pensionen der ehemaligen J. S..	388 940	75		
c) Fonds zur Deckung der Pensionen der ehemaligen G. B.	665 000	—		
d) Versicherungsfonds gegen Feuerschaden	453 300	—	76 274 225	09
VI. Aktivsaldo der Gewinn- und Verlustrechnung	.	.	5 575 267	77
			1 652 641 899	29

dieser macht somit 7 110 884 Franken aus. Außerdem ist in der Rechnung für 1911 nachträglich die Ausgleichung der Zinszahlung auf dem Rückkaufspreis der Gotthardbahn für die Jahre 1909 und 1910 durchgeführt worden, mit einer außerordentlichen Ausgabe von 2 432 870 Frcs. Bei Berücksichtigung der genannten zwei Posten beträgt der wirkliche Überschuß der Gewinn- und Verlustrechnung für 1911 rund 9½ Millionen Franken.

Dieses Ergebnis berechtigt zu der Annahme, daß die zufolge der Aufbesserung der Gehälter und Löhne des Personals mit 1912 eintretende Ausgabenvermehrung ohne Anstand gedeckt werden kann. Bei vorsichtiger Geschäftsführung ist die Lage der Bundesbahnen auch für die Zukunft als gesichert zu erachten, und es sind die großen, volkswirtschaftlichen Vorteile der Verstaatlichung ohne finanzielle Opfer erreicht worden.

Anlage 1.

Vergleich.

In Sachen

der Gotthardbahngesellschaft in Liquidation, in Luzern, Klägerin

gegen

die Schweizerische Eidgenossenschaft, Beklagte,

betreffend

Feststellung der Rückkaufsentschädigung für die Gotthardbahn.

sind heute, Samstag, den 10. Juni 1911,

vor dem Präsidenten des Schweizerischen Bundesgerichts erschienen:

als Anwalt der Klägerin: Herr Fürsprech Dr. Schaller in Luzern, in Begleitung der Herren:

R. Abt, Präsident der Liquidationskommission der Gotthardbahn, H. Dietler, geschäftsführendes Mitglied und E. Isler, Mitglied dieser Kommission,

als Anwalt der Schweizerischen Eidgenossenschaft: Herr Dr. P. Scherrer, Advokat in Basel, in Begleitung der Herren: Bundespräsident M. Ruchet, Bundesrat Dr. Forrer und Bundesrat R. Comtesse,

worauf sie in Erledigung des zwischen den Parteien schwebenden Rechtsstreites über die Festsetzung der Rückkaufsentschädigung folgenden

Vergleich

eingehen:

1. Die Gotthardbahngesellschaft in Liquidation verzichtet auf die von ihr gestellten bzw. vorbehaltenen Forderungen für das zweite Gleise Immensee—Brunnen, auf Rückerstattung für seit dem 1. Mai 1904 erfolgte, auf Baukonto gehörende Verwendungen, und auf Rückerstattung der Ausgaben für Vorarbeiten für Projektierung des zweiten Gleises Giubiasco—Chiasso und einer Ausweiche zwischen Luzern und Meggen, im Gesamtbetrage von 8 476 973 Frcs.

2. Die Gotthardbahngesellschaft in Liquidation anerkennt, daß von dem laut früherer Vereinbarung vom 16./29. April 1909 festgestellten Betrage des

kapitalisierten Reinertrages von	212 500 000 Frcs.
außer dem auf Rechnung der Rückkaufsentschädigung von der Schweizerischen Eidgenossenschaft gemäß Vereinbarung vom 30. April 1909 übernommenen Obligationenanleihen, vom 1. April 1895, im Betrage von . . .	117 090 000 „
somit vom Restbetrag von	95 410 000 Frcs.
in Abzug kommt ein Betrag von	11 660 000 „
so daß als restanzliche Rückkaufsentschädigung die Schweizerische Eidgenossenschaft der Gotthardbahngesellschaft in Liquidation schuldet einen Betrag von	83 750 000 Frcs.

Wert 1. Mai 1909.

3. Die Schweizerische Eidgenossenschaft verzichtet auf alle weitergehenden Abzugforderungen, die sie im Prozeß geltend gemacht und vorbehalten hat.

4. Die Schweizerische Eidgenossenschaft übernimmt mit Wirkung vom 1. Mai 1909 an die Hilfskasse der Beamten und Angestellten der Gotthardbahn mit allen damit verbundenen Rechten und Pflichten einschließlich der von der Gotthardbahn solchen noch lebenden Beamten und Angestellten zugesicherten Ansprüche, die in den Dienst der Bundesbahnen übergetreten und nicht Mitglieder der Hilfskasse sind.

5. Das Kapital der in Art. 2 festgesetzten Rückkaufsentschädigung wird der Gotthardbahngesellschaft in Liquidation in Bundesbahnobligationen im Nominalbetrage von 500 oder 1 000 Frcs., nach Wahl der Gesellschaft, zu pari gerechnet, ausbezahlt, zinsbar ab 1. Januar 1912. Diese Obligationen sind halbjährlich auf 30. Juni und 31. Dezember zu 4 % zu verzinsen. Sie sind rückzahlbar in Schweizer Währung nach einem aufzustellenden Amortisationsplan in 50 gleichmäßigen Jahresraten vom Jahre 1922 an bis zum Jahre 1971. Der Bundesrat behält sich vor, unter Beobachtung einer Kündigungsfrist von drei Monaten die Amortisationsquoten zu verstärken oder die Obligationen ganz zurückzuzahlen; jedoch kann er von diesem Rechte erst vom 31. Dezember 1921 an Gebrauch machen.

Der Zins der Rückkaufsentschädigung vom 1. Mai 1909 an ist zu 4 % zu berechnen und auf 31. Dezember 1911 bar zu bezahlen, unter Abzug der bereits geleisteten und der noch zu leistenden Anzahlung.

6. Die Schweizerische Eidgenossenschaft tritt in die Verpflichtungen der Gotthardbahngesellschaft in Liquidation Dritten gegenüber ein, die sich aus dem Eisenbahnbetriebe ergeben haben und bis heute noch nicht durch rechtskräftiges Urteil oder Vertrag erledigt sind. Anderseits tritt die Schweizerische Eidgenossenschaft in alle Forderungsrechte ein, die zurzeit der Gotthardbahngesellschaft in Liquidation Dritten gegenüber zustehen und aus dem Betriebe herrühren, jedoch ohne Gewährspflicht.

7. Die bisher getroffenen Vereinbarungen, mit Ausnahme derjenigen, betreffend Reichsrechte, vom 17. November 1909, bleiben in Kraft.

8. Mit der Bezahlung der in Ziffer 2 festgesetzten Rückkaufsentschädigung und der dafür zu zahlenden Zinsen sind alle Ansprüche, welche die Gotthardbahngesellschaft in Liquidation aus dem Rückkauf der Gotthardbahn an die Schweizerische Eidgenossenschaft zu erheben hat, getilgt, und die von dieser erhobenen Ansprüche erledigt.

9. Allfällige Streitigkeiten über die Auslegung oder die Vollziehung dieses Vergleichs entscheidet das Bundesgericht als einzige Instanz.

10. Dieser Vergleich fällt dahin, wenn er nicht bis zum 20. Dezember 1911 die Genehmigung des Bundesrates und der Bundesversammlung, sowie diejenige der Liquidationskommission und der Generalversammlung der Aktionäre der Gotthardbahngesellschaft in Liquidation erhalten haben wird.

11. Mit der Ratifikation des Vergleichs ist der vor dem Bundesgericht angehobene Prozeß erledigt. Die Gerichtskosten werden von beiden Parteien zu gleichen Teilen getragen. Die Parteikosten werden wettgeschlagen.

Bern, den 10. Juni 1911.

(Folgen die Unterschriften

Anlage 2.

Gehaltsordnung
für
die Beamten und ständigen Angestellten der schweizerischen Bundesbahnen.
(Vom 27. Juni 1911.)

In Ausführung des Art. 2 des Bundesgesetzes vom 23. Juni 1910, betreffend die Besoldungen der Beamten und Angestellten der schweizerischen Bundesbahnen, wird das Minimum und das Maximum der Besoldung für jede einzelne Beamtung und Anstellung festgesetzt, wie folgt:

A. Allgemeine Verwaltung.

I. Besoldungsklasse (10 000—15 000 Frcs.).

1. Gehaltsstufe (12 000—15 000 Frcs.):
   Die Mitglieder der Generaldirektion.

2. Gehaltsstufe (10 000—12 000 Frcs.):
   Die Mitglieder der Kreisdirektionen.

II. Besoldungsklasse (5 200—11 000 Frcs.).

1. Gehaltsstufe (8 000—11 000 Frcs.):
   Keine.

2. Gehaltsstufe (7 000—10 000 Frcs.):
   a) bei der Generaldirektion:
   Der Generalsekretär, der Abteilungschef der Ausgabenkontrolle, der Abteilungschef der Hauptbuchhaltung, der Abteilungschef der Hauptkasse und Wertschriftenverwaltung, der Abteilungschef für den Personenverkehr, der Abteilungschef für den Güterverkehr, der Abteilungschef der Einnahmenkontrolle, der Abteilungschef für das Rechtswesen.
   b) bei den Kreisdirektionen:
   Keine.

3. Gehaltsstufe (6 000—9 000 Frcs.):
   a) bei der Generaldirektion:
   Der Abteilungschef für Publizität und Statistik, der Abteilungschef für Frachtreklamationen, der Abteilungschef der Verwaltung der Pensions-, Hilfs- und Krankenkassen, der I. Stellvertreter des Generalsekretärs, der I. Stellvertreter des Abteilungschefs für den Personenverkehr, die I. Stellvertreter des Abteilungschefs für den Güterverkehr, die I. Stellvertreter des Abteilungschefs der Einnahmenkontrolle, die Stellvertreter des Abteilungschefs für das Rechtswesen.
   b) bei den Kreisdirektionen:
   Die Vorstände der Rechtsbureaus.

4. Gehaltsstufe (5 200—8 000 Frcs.):

a) bei der Generaldirektion:

Der II. Stellvertreter des Generalsekretärs, der Stellvertreter des Abteilungschefs der Ausgabenkontrolle, der Stellvertreter des Abteilungschefs der Hauptbuchhandlung, der Stellvertreter des Abteilungschefs der Hauptkasse und Wertschriftenverwaltung.

b) bei den Kreisdirektionen:

Die Direktionssekretäre, die Vorstände der Rechnungsbureaus, die Kassierer.

III. Besoldungsklasse (4 000—7 200 Frcs.).

1. Gehaltsstufe (5 000—7 200 Frcs.):

a) bei der Generaldirektionen:

Der Stellvertreter des Abteilungschefs für Publizität, die Vorstände von Agenturen im Ausland, die II. Stellvertreter des Abteilungschefs für den Personenverkehr, die II. Stellvertreter des Abteilungschefs für den Güterverkehr, die II. Stellvertreter des Abteilungschefs der Einnahmenkontrolle, die Stellvertreter des Abteilungschefs für Frachtreklamationen, der Stellvertreter des Abteilungschefs der Verwaltung der Pensions-, Hilfs- und Krankenkassen.

b) bei den Kreisdirektion:

Die Vorstände der Materialverwaltungen.

2. Gehaltsstufe (4 600—6 600 Frcs.):

a) bei der Generaldirektion:

Der Übersetzer, zugleich Übersetzer des Verwaltungsrates, der Stellvertreter des Abteilungschefs für Statistik, die Tarifbeamten, der Drucksachenverwalter.

b) bei den Kreisdirektionen:

Die Stellvertreter der Vorstände der Rechtsbureaus:

3. Gehaltsstufe (4 000—6 000 Frcs.):

a) bei der Generaldirektion:

Die Departementssekretäre, der Kanzleivorstand, der Registrator, die Übersetzer.

b) bei den Kreisdirektionen:

Die Stellvertreter der Direktionssekretäre, die Stellvertreter der Vorstände der Rechnungsbureaus, die Buchhalter der Rechnungsbureaus, die Tarifbeamten, die Grundbuchsekretäre.

IV. Besoldungsklasse (2 500—5 500 Frcs.).

1. Gehaltsstufe (3 500—5 500 Frcs.):

a) bei der Generaldirektion:

Die Stationsrevisoren, der Stellvertreter des Drucksachenverwalters.

b) bei den Kreisdirektionen:

Die Departementssekretäre, die Kanzleivorstände, die Registratoren, die Übersetzer, die Stellvertreter der Vorstände der Materialverwaltungen.

2. Gehaltsstufe (3 300—5 300 Frcs.):

a) bei der Generaldirektion:

Die Bureauchefs.

b) bei den Kreisdirektionen:
Keine.

3. G e h a l t s s t u f e (3 300—5 100 Frcs.):
a) bei der Generaldirektion:
Keine.
b) bei den Kreisdirektionen:
Die Bureauchefs, die Rechnungsführer der Materialverwaltungen.

4. G e h a l t s s t u f e (3 000—4 800 Frcs.):
a) bei der Generaldirektion:
Die Bureaugehilfen I. Klasse.
b) bei den Kreisdirektionen:
Keine.

5. G e h a l t s s t u f e (2 700—4 500 Frcs.):
a) bei der Generaldirektion:
Keine.
b) bei den Kreisdirektionen:
Die Bureaugehilfen I. Klasse.

6. G e h a l t s s t u f e (2 500—4 200 Frcs.):
Keine.

V. Besoldungsklasse (2 100—3 800 Frcs.).

1. G e h a l t s s t u f e (2 300—3 800 Frcs.):
a) bei der Generaldirektion:
Der Faktor der Billettdruckerei.
b) bei den Kreisdirektionen:
Keine.

2. G e h a l t s s t u f e (2 200—3 600 Frcs.):
a) bei der Generaldirektion:
Die Bureaugehilfen II. Klasse, der Stellvertreter des Faktors der Billettdruckerei, die Telegraphisten I. Klasse.
b) bei den Kreisdirektionen:
Die Bureaugehilfen II. Klasse, die Telegraphisten I. Klasse.

3. G e h a l t s s t u f e (2 100—3 400 Frcs.):
a) bei der Generaldirektion:
Keine.
b) bei den Kreisdirektionen:
Keine.

VI. Besoldungsklasse (1 600—3 100 Frcs.).

1. G e h a l t s s t u f e (2 000—3 100 Frcs.):
a) bei der Generaldirektion:
Die Billettdrucker.
b) bei den Kreisdirektionen:
Keine.

2. Gehaltsstufe (1 800—2 900 Frcs.):
a) bei der Generaldirektion:
Die Bureaugehilfen III. Klasse, die Hausmeister der Verwaltungsgebäude, die Telegraphisten II. Klasse, die Magaziner.
b) bei den Kreisdirektionen:
Die Bureaugehilfen III. Klasse, die Hausmeister der Verwaltungsgebäude, die Telegraphisten II. Klasse, die Magaziner der Materialverwaltungen.

3. Gehaltsstufe (1 600—2 700 Frcs.):
a) bei der Generaldirektion:
Die Bureaudiener I. Klasse.
b) bei den Kreisdirektionon:
Die Bureaudiener I. Klasse.

VII. Besoldungsklasse (1 400—2 500 Frcs.).

1. Gehaltsstufe (1 600—2 500 Frcs.):
a) bei der Generaldirektion:
Die Bureaugehilfen IV. Klasse, die Telegraphisten III. Klasse, die Buchbinder, die Autographiedrucker, die Magazingehilfen.
b) bei den Kreisdirektionen:
Die Bureaugehilfen IV. Klasse, die Telegraphisten III. Klasse, die Buchbinder, die Autographiedrucker, die Magazingehilfen.

2. Gehaltsstufe (1 500—2 400 Frcs.):
a) bei der Generaldirektion:
Die Bureaudiener II. Klasse, die Fourgonführer.
b) bei den Kreisdirektionen:
Die Bureaudiener II. Klasse, die Fourgonführer.

3. Gehaltsstufe (1 500—2 300 Frcs.):
a) bei der Generaldirektion:
Die Ausläufer, die Magazinarbeiter.
b) bei den Kreisdirektionen:
Die Ausläufer, die Magazinarbeiter.

4. Gehaltsstufe (1 400—2 200 Frcs.):
a) bei der Generaldirektion:
Keine.
b) bei den Kreisdirektionen:
Keine.

5. Gehaltsstufe (1 400—2 000 Frcs.):
Keine.

6. Gehaltsstufe (1 400—1 700 Frcs.):
Keine.

B. Bau, Unterhalt und Aufsicht der Bahn.

II. Besoldungsklasse (5 200—11 000 Frcs.).

1. Gehaltsstufe (8 000—11 000 Frcs.):
a) bei der Generaldirektion:
Der Oberingenieur.

b) bei den Kreisdirektionen:
Keine.

2. Gehaltsstufe (7 000—10 000 Frcs.):
a) bei der Generaldirektion:
Die Stellvertreter des Oberingenieurs.
b) bei den Kreisdirektionen:
Die Oberingenieure.

3. Gehaltsstufe (6 000—9 000 Frcs.):
a) bei der Generaldirektion:
Der Abteilungschef der Oberbaumaterialverwaltung, die Ingenieure I. Klasse und Architekten I. Klasse als technische Bureauvorstände.
b) bei den Kreisdirektionen:
Die Stellvertreter der Oberingenieure.

4. Gehaltsstufe (5 200—8 000 Frcs.):
a) bei der Generaldirektion:
Die Ingenieure I. Klasse, die Architekten I. Klasse, die technischen Beamten I. Klasse.
b) bei den Kreisdirektionen:
Die Ingenieure I. Klasse und Architekten I. Klasse als technische Bureauvorstände, die Bahningenieure I. Klasse.

III. Besoldungsklasse (4 000—7 200 Frcs.).

1. Gehaltsstufe (5 000—7 200 Frcs.):
a) bei der Generaldirektion:
Der Stellvertreter des Abteilungschefs der Oberbaumaterialverwaltung.
b) bei den Kreisdirektionen:
Die Ingenieure I. Klasse, die Architekten I. Klasse, die technischen Beamten I. Klasse, die Bahningenieure II. Klasse, der Forstinspektor (bei Kreis V).

2. Gehaltsstufe (4 600—6 600 Frcs.):
a) bei der Generaldirektion:
Die Geometer I. Klasse.
b) bei den Kreisdirektionen:
Keine.

3. Gehaltsstufe (4 000—6 000 Frcs.):
a) bei der Generaldirektion:
Keine.
b) bei den Kreisdirektionen:
Die Geometer I. Klasse.

IV. Besoldungsklasse (2 500—5 500 Frcs.).

1. Gehaltsstufe (3 500—5 500 Frcs.):
a) bei der Generaldirektion:
Die Ingenieure II. Klasse, die Architekten II. Klasse, die technischen Beamten II. Klasse, die Bureauchefs des Oberingenieurs und der Oberbaumaterialverwaltung.

b) bei den Kreisdirektionen:
Die Ingenieure II. Klasse, die Architekten II. Klasse, die technischen Beamten II. Klasse, die Stellvertreter der Bahningenieure.

2. Gehaltsstufe (3 300—5 300 Frcs.):
a) bei der Generaldirektion:
Die Techniker I. Klasse.
b) bei den Kreisdirektionen:
Die Bureauchefs der Oberingenieure.

3. Gehaltsstufe (3 300—5 100 Frcs.):
a) bei der Generaldirektion:
Die Geometer II. Klasse.
b) bei den Kreisdirektionen:
Die Geometer II. Klasse, die Techniker I. Klasse.

4. Gehaltsstufe (3 000—4 800 Frcs.):
a) bei der Generaldirektion:
Die Bureaugehilfen I. Klasse.
b) bei den Kreisdirektionen:
Die Rechnungsführer I. Klasse der Bahningenieure.

5. Gehaltsstufe (2 700—4 500 Frcs.):
a) bei der Generaldirektion:
Keine.
b) bei den Kreisdirektionen:
Die Bureaugehilfen I. Klasse.

6. Gehaltsstufe (2 500—4 200 Frcs.):
a) bei der Generaldirektion:
Die Techniker II. Klasse.
b) bei den Kreisdirektionen:
Die Techniker II. Klasse, die Rechnungsführer II. Klasse der Bahningenieure, die Bahnmeister I. Klasse.

V. Besoldungsklasse (2 300—3 800 Frcs.):

1. Gehaltsstufe (2 100—3 800 Frcs.):
a) bei der Generaldirektion:
Keine.
b) bei den Kreisdirektionen:
Die Bahnmeister II. Klasse.

2. Gehaltsstufe (2 200—3 600 Frcs.):
a) bei der Generaldirektion:
Die Bureaugehilfen II. Klasse.
b) bei den Kreisdirektionen:
Die Bureaugehilfen II. Klasse, die Brückenaufseher, die Stellwerkaufseher.

3. Gehaltsstufe (2 100—3 400 Frcs.):
Keine.

VI. Besoldungsklasse (1 600—3 100 Frcs.):

1. Gehaltsstufe (2 000—3 100 Frcs.):
   a) bei der Generaldirektion:
   Die technischen Gehilfen I. Klasse.
   b) bei den Kreisdirektionen:
   Die technischen Gehilfen I. Klasse, die Bahnmeistergehilfen I. Klasse.
2. Gehaltsstufe (1 800—2 900 Frcs.):
   a) bei der Generaldirektion:
   Die Bureaugehilfen III. Klasse.
   b) bei den Kreisdirektionen:
   Die Bureaugehilfen III. Klasse, die Brückenmonteure, die Stellwerkmonteure.
3. Gehaltsstufe (1 600—2 700 Frcs.):
   a) bei der Generaldirektion:
   Die technischen Gehilfen II. Klasse.
   b) bei den Kreisdirektionen:
   Die technischen Gehilfen II. Klasse, die Bahnmeistergehilfen II. Klasse, die Vorarbeiter I. Klasse.

VII. Besoldungsklasse (1 400—2 500 Frcs.).

1. Gehaltsstufe (1 600—2 500 Frcs.):
   a) bei der Generaldirektion:
   Die Bureaugehilfen IV. Klasse.
   b) bei den Kreisdirektionen:
   Die Bureaugehilfen IV. Klasse, die Blockwärter I. Klasse, die Tunnelwärter I. Klasse, die Barrierenwärter I. Klasse.
2. Gehaltsstufe (1 500—2 400 Frcs.):
   a) bei der Generaldirektion:
   Keine.
   b) bei den Kreisdirektionen:
   Die Vorarbeiter II. Klasse, die Stellwerkschlosser.
3. Gehaltsstufe (1 500—2 300 Frcs.):
   a) bei der Generaldirektion:
   Keine.
   b) bei den Kreisdirektionen:
   Die Ausläufer, die Bahnwärter I. Klasse, die Blockwärter II. Klasse, die Tunnelwärter II. Klasse, die Barrierenwärter II. Klasse.
4. Gehaltsstufe (1 400—2 200 Frcs.):
   a) bei der Generaldirektion:
   Keine.
   b) bei den Kreisdirektionen:
   Die Bahnarbeiter I. Klasse.
5. Gehaltsstufe (1 400—2 000 Frcs.):
   a) bei der Generaldirektion:
   Keine.

b) bei den Kreisdirektionen:
Die Bahnwärter II. Klasse, die Barrierenwärter III. Klasse, die Bahnarbeiter II. Klasse.

6. G e h a l t s s t u f e (1 400—1 700 Frcs.):
Keine.

C. Expeditions-, Zug- und Telegraphendienst.

II. Besoldungsklasse (5 200—11 000 Frcs.).

1. G e h a l t s s t u f e (8 000—11 000 Frcs.):
a) bei der Generaldirektion:
Der Oberbetriebschef.
b) bei den Kreisdirektionen:
Keine.

2. G e h a l t s s t u f e (7 000—10 000 Frcs.):
a) bei der Generaldirektion:
Die Stellvertreter des Oberbetriebschefs, der Obertelegrapheninspektor.
b) bei den Kreisdirektionen:
Die Betriebschefs.

3. G e h a l t s s t u f e (6 000—9 000 Frcs.):
a) bei der Generaldirektion:
Der Stellvertreter des Obertelegrapheninspektors.
b) bei den Kreisdirektionen:
Die Stellvertreter der Betriebschefs.

4. G e h a l t s s t u f e (5 200—8 000 Frcs.):
a) bei der Generaldirektion:
Die Betriebsinspektoren I. Klasse, die Ingenieure I. Klasse beim Telegraphenwesen, die technischen Beamten I. Klasse beim Telegraphenwesen.
b) bei den Kreisdirektionen:
Die Telegrapheninspektoren.

III. Besoldungsklasse (4 000—7 200 Frcs.).

1. G e h a l t s s t u f e (5 000—7 200 Frcs.):
a) bei der Generaldirektion:
Keine.
b) bei den Kreisdirektionen:
Die Betriebsinspektoren, die Bahnhofinspektoren.

2. G e h a l t s s t u f e (4 600—6 600 Frcs.):
a) bei der Generaldirektion:
Der Vorstand der Zentralwagenkontrolle, der Oberrepartiteur.
b) bei den Kreisdirektionen:
Die Bahnhofsvorstände I. Klasse, die Lagerhausverwalter I. Klasse, der Vorstand der Dampfbootverwaltung.

3. Gehaltsstufe (4 000—6 000 Frcs.):
a) bei der Generaldirektion:
Die Betriebsinspektoren II. Klasse.
b) bei den Kreisdirektionen:
Die Stellvertreter der Bahnhofinspektoren, die Güterverwalter, die Stellvertreter der Telegrapheninspektoren.

IV. Besoldungsklasse (2 500—5 500 Frcs.).

1. Gehaltsstufe (3 500—5 500 Frcs.):
a) bei der Generaldirektion:
Der Bureauchef beim Oberbetriebschef, der Stellvertreter des Vorstandes der Zentralwagenkontrolle, der Stellvertreter des Oberrepartiteurs, der Bureauchef beim Obertelegrapheninspektor, die Ingenieure II. Klasse beim Telegraphenwesen, die technischen Beamten II. Klasse beim Telegraphenwesen.
b) bei den Kreisdirektionen:
Die Bahnhofvorstände II. Klasse, die Chefs I. Klasse der Güterexpeditionen, die Lagerhausverwalter II. Klasse.
2. Gehaltsstufe (3 300—5 300 Frcs.):
a) bei der Generaldirektion:
Die Bureauchefs der Zentralwagenkontrolle, die Techniker I. Klasse beim Telegraphenwesen.
b) bei den Kreisdirektionen:
Die Bureauchefs bei den Betriebschefs, die Vorstände der Rangierbahnhöfe, die Stellvertreter der Bahnhofvorstände I. Klasse.
3. Gehaltsstufe (3 300—5 100 Frcs.):
a) bei der Generaldirektion:
Die Repartiteure I. Klasse.
b) bei den Kreisdirektionen:
Die Rechnungsführer bei den Betriebschefs, die Bahnhofvorstände III. Klasse, die Obergüterschaffner I. Klasse, die Techniker I. Klasse beim Telegraphenwesen.
4. Gehaltsstufe (3 000—4 800 Frcs.):
a) bei der Generaldirektion:
Die Bureaugehilfen I. Klasse.
b) bei den Kreisdirektionen:
Die Souchefs I. Klasse, die Stellvertreter der Bahnhofvorstände II. Klasse, die Stellvertreter der Güterverwalter, die Chefs II. Klasse der Güterexpeditionen, der Stellvertreter des Vorstandes der Dampfbootverwaltung.
5. Gehaltsstufe (2 700—4 500 Frcs.):
a) bei der Generaldirektion:
Keine.
b) bei den Kreisdirektionen:
Die Bureaugehilfen I. Klasse, die Stationsvorstände I. Klasse, die Chefs der Einnehmereien, die Stellvertreter der Chefs I. Klasse der Güterexpeditionen.

6. G e h a l t s s t u f e (2 500—4 200 Frcs.):

a) bei der Generaldirektion:

Die Repartiteure II. Klasse, die Techniker II. Klasse beim Telegraphenwesen.

b) bei den Kreisdirektionen:

Die Souchefs II. Klasse, die Stellvertreter der Bahnhofvorstände III. Klasse, die Chefs der Stationsbureaus, die Chefs der Gepäckexpeditionen, die Chefs der Telegraphenbureaus, die Chefs III. Klasse der Güterexpeditionen, die Bureauchefs I. Klasse der Güterexpeditionen, die Rechnungsführer I. Klasse der Güterexpeditionen, die Einnehmer I. Klasse, die Obergüterschaffner II. Klasse, die Zolldeklaranten I. Klasse, die Stellvertreter der Lagerhausverwalter, die Buchhalter der Lagerhäuser, die Techniker II. Klasse beim Telegraphenwesen.

V. Besoldungsklasse (2 100—3 800 Frcs.).

1. G e h a l t s s t u f e (2 300—3 800 Frcs.):

a) bei der Generaldirektion:

Keine.

b) bei den Kreisdirektionen:

Die Oberzugführer.

2. G e h a l t s s t u f e (2 200—3 600 Frcs.):

a) bei der Generaldirektion:

Die Bureaugehilfen II. Klasse.

b) bei den Kreisdirektionen:

Die Bureaugehilfen II. Klasse, die Stationsvorstände II. Klasse, die Stationsgehilfen I. Klasse, die Gepäckexpedienten I. Klasse, die Telegraphisten I. Klasse, die Bureauchefs II. Klasse der Güterexpeditionen, die Rechnungsführer II. Klasse der Güterexpeditionen, die Zolldeklaranten II. Klasse, die Stellvertreter der Obergüterschaffner, die Güterexpeditionsgehilfen I. Klasse, die Lagerhausgehilfen I. Klasse, die Dampfbootkapitäne.

3. G e h a l t s s t u f e (2 100—3 400 Frcs.):

a) bei der Generaldirektion:

Keine.

b) bei den Kreisdirektionen:

Die Chefs der Wagenkontrollbureaus, die Chefs der Schriftenkontrollbureaus, die Einnehmer II. Klasse.

VI. Besoldungsklasse (1 600—3 100 Frcs.).

1. G e h a l t s s t u f e (2 000—3 100 Frcs.):

a) bei der Generaldirektion:

Die technischen Gehilfen I. Klasse beim Telegraphenwesen.

b) bei den Kreisdirektionen:

Die Stationsvorstände III. Klasse, die Rangiermeister I. Klasse, die Portiers I. Klasse, die Zugführer, die technischen Gehilfen I. Klasse beim Telegraphenwesen, die Aufseher elektrischer Anlagen.

2. G e h a l t s s t u f e (1 800—2 900 Frcs.):

a) bei der Generaldirektion:

Die Bureaugehilfen III. Klasse.

b) bei den Kreisdirektionen:

Die Bureaugehilfen III. Klasse, die Stationsgehilfen II. Klasse, die Gepäckexpedienten II. Klasse, die Telegraphisten II. Klasse, die Wagenkontrolleure I. Klasse, die Schriftenkontrolleure I. Klasse, die Güterexpeditionsgehilfen II. Klasse, die Güterschaffner I. Klasse, die Lagerhausgehilfen II. Klasse, die Magaziner der Lagerhäuser, die Gruppenführer beim Telegraphenwesen, die Magaziner beim Telegraphenwesen, die Monteure beim Telegraphenwesen.

3. G e h a l t s s t u f e (1 600—2 700 Frcs.):

a) bei der Generaldirektion:

Die technischen Gehilfen II. Klasse beim Telegraphenwesen.

b) bei den Kreisdirektionen:

Die Einnehmer III. Klasse, die Rangiermeister II. Klasse, die Portiers II. Klasse, die technischen Gehilfen II. Klasse beim Telegraphenwesen.

VII. Besoldungsklasse (1 400—2 500 Frcs.).

1. G e h a l t s s t u f e (1 600—2 500 Frcs.):

a) bei der Generaldirektion:

Die Bureaugehilfen IV. Klasse.

b) bei den Kreisdirektionen:

Die Bureaugehilfen IV. Klasse, die Stationsgehilfen III. Klasse, die Gepäckexpedienten III. Klasse, die Telegraphisten III. Klasse, die Vorarbeiter beim Gepäckdienst, die Vorarbeiter beim Rangierdienst, die Güterexpeditionsgehilfen III. Klasse, die Güterschaffner II. Klasse, die Vorarbeiter I. Klasse beim Güterdienst, die Frachteinzüger, die Lagerhausgehilfen III. Klasse, die Weichenwärter I. Klasse, die Barrierenwärter I. Klasse, die Signalwärter I. Klasse, die Blockwärter I. Klasse, die Drehscheibenwärter I. Klasse, die Schiebebühnenwärter I. Klasse, die Kondukteure, die Beleuchtungswärter I. Klasse, die Dampfbootsteuerleute, die Magazingehilfen beim Telegraphenwesen, die Linienarbeiter beim Telegraphenwesen.

2. G e h a l t s s t u f e (1 500—2 400 Frcs.):

a) bei der Generaldirektion:

Keine.

b) bei den Kreisdirektionen:

Die Wärtervorstände, die Haltestellenvorstände, die Wagenkontrolleure II. Klasse, die Schriftenkontrolleure II. Klasse, die Portiers III. Klasse, die Lampisten I. Klasse, die Rangierarbeiter I. Klasse, die Vorarbeiter II. Klasse beim Güterdienst, die Vorarbeiter der Lagerhäuser, die Trajektkahnführer, die Schleppschiffführer, die Dampfbootkassierer.

3. G e h a l t s s t u f e (1 500—2 300 Frcs.):

a) bei der Generaldirektion:

Keine.

b) bei den Kreisdirektionen:

Die Ausläufer, die Weichenwärter II. Klasse, die Barrierenwärter II. Klasse, die Signalwärter II. Klasse, die Blockwärter II. Klasse, die Drehscheibenwärter II. Klasse, die Schiebebühnenwärter II. Klasse, die Gepäckarbeiter I. Klasse, die Eilgutarbeiter I. Klasse, die Beleuchtungswärter II. Klasse.

4. Gehaltsstufe (1 400—2 200 Frcs.):

a) bei der Generaldirektion:

Keine.

b) bei den Kreisdirektionen:

Die Rangierarbeiter II. Klasse, die Güterarbeiter I. Klasse, die Nachtwächter, die Lampisten II. Klasse, die Lagerhausarbeiter I. Klasse, die Bremser, die Dampfbootuntersteuerleute.

5. Gehaltsstufe (1 400—2 000 Frcs.):

a) bei der Generaldirektion:

Keine.

b) bei den Kreisdirektionen:

Die Gepäckarbeiter II. Klasse, die Eilgutarbeiter II. Klasse, die Güterarbeiter II. Klasse, die Lagerhausarbeiter II. Klasse, die Matrosen.

6. Gehaltsstufe (1 400—1 700 Frcs.):

a) bei der Generaldirektion:

Keine.

b) bei den Kreisdirektionen:

Die Putzerinnen, die Wärterinnen.

D. Fahr- und Werkstättedienst.

II. Besoldungsklasse (5 200—11 000 Frcs.).

1. Gehaltsstufe (8 000—11 000 Frcs.):

a) bei der Generaldirektion:

Der Obermaschineningenieur, der Oberingenieur für elektrische Zugförderung.

b) bei den Kreisdirektionen:

Keine.

2. Gehaltsstufe (7 000— 10 000 Frcs.):

a) bei der Generaldirektion:

Die Stellvertreter des Obermaschineningenieurs, der Stellvertreter des Oberingenieurs für elektrische Zugförderung.

b) bei den Kreisdirektionen:

Die Obermaschineningenieure.

3. Gehaltsstufe (6 000—9 000 Frcs.):

a) bei der Generaldirektion:

Die Ingenieure I. Klasse als technische Bureauvorstände.

b) bei den Kreisdirektionen:

Die Stellvertreter der Obermaschineningenieure, die Werkstättenvorstände I. Klasse.

4. Gehaltsstufe (5 200—8 000 Frcs.):

a) bei der Generaldirektion:

Die Ingenieure I. Klasse, die technischen Beamten I. Klasse, die Fahrdienstinspektoren I. Klasse.

b) bei den Kreisdirektionen:

Die Ingenieure I. Klasse als technische Bureauvorstände, die Werkstättenvorstände II. Klasse, die Stellvertreter der Werkstättenvorstände I. Klasse.

III. Besoldungsklasse (4 000—7 200 Frcs.).

1. Gehaltsstufe (5 000—7 200 Frcs.):

a) bei der Generaldirektion:

Keine.

b) bei den Kreisdirektionen:

Die Ingenieure I. Klasse, die technischen Beamten I. Klasse, die Fahrdienstinspektoren, die Stellvertreter der Werkstättenvorstände II. Klasse.

2. Gehaltsstufe (4 600—6 600 Frcs.):

a) bei der Generaldirektion:

Keine.

b) bei den Kreisdirektionen:

Die Depotchefs I. Klasse.

3. Gehaltsstufe (4 000—6 000 Frcs.):

a) bei der Generaldirektion:

Die Fahrdienstinspektoren II. Klasse.

b) bei den Kreisdirektionen:

Keine.

IV. Besoldungsklasse (2 500—5 500 Frcs.).

1. Gehaltsstufe (3 500—5 500 Frcs.):

a) bei der Generaldirektion:

Die Ingenieure II. Klasse, die technischen Beamten II. Klasse, der Bureauchef des Obermaschineningenieurs, der Bureauchef des Oberingenieurs für elektrische Zugförderung.

b) bei den Kreisdirektionen:

Die Ingenieure II. Klasse, die technischen Beamten II. Klasse, die Depotchefs II. Klasse, die Wagenmeister.

2. Gehaltsstufe (3 300—5 300 Frcs.):

a) bei der Generaldirektion:

Die Techniker I. Klasse.

b) bei den Kreisdirektionen:

Die Stellvertreter der Depotchefs I. Klasse, die Bureauchefs der Obermaschineningenieure, die Bureauchefs der Werkstätten, die Buchhalter der Werkstätten.

3. Gehaltsstufe (3 300—5 100 Frcs.):

a) bei der Generaldirektion:

Keine.

b) bei den Kreisdirektionen:
Die Rechnungsführer bei den Obermaschineningenieuren, die Rechnungsführer der Werkstätten, die Techniker I. Klasse, die Werkführer I. Klasse, die Oberlokomotivführer.

4. Gehaltsstufe (3 000—4 800 Frcs.):
a) bei der Generaldirektion:
Die Bureaugehilfen I. Klasse.
b) bei den Kreisdirektionen:
Die Depotchefs III. Klasse.

5. Gehaltsstufe (2 700—4 500 Frcs.):
a) bei der Generaldirektion:
Keine.
b) bei den Kreisdirektionen:
Die Bureaugehilfen I. Klasse (auch als Chefs der Werkstättenmagazine), die Stellvertreter der Depotchefs II. Klasse, die Werkführer II. Klasse.

6. Gehaltsstufe (2 500—4 200 Frcs.):
a) bei der Generaldirektion:
Die Techniker II. Klasse.
b) bei den Kreisdirektionen:
Die Techniker II. Klasse.

V. Besoldungsklasse (2 100—3 800 Frcs.

1. Gehaltsstufe (2 300—3 800 Frcs.):
a) bei der Generaldirektion:
Keine.
b) bei den Kreisdirektionen:
Die Handwerksmeister I. Klasse der Werkstätten, die Chefvisiteure, die Zugkontrolleure.

2. Gehaltsstufe (2 200—3 600 Frcs.):
a) bei der Generaldirektion:
Die Bureaugehilfen II. Klasse.
b) bei den Kreisdirektionen:
Die Bureaugehilfen II. Klasse (auch als Chefs der Werkstättenmagazine), die Lokomotivführer.

3. Gehaltsstufe (2 100—3 400 Frcs.):
a) bei der Generaldirektion:
Keine.
b) bei den Kreisdirektionen:
Die Wagenvisiteure I. Klasse.

VI. Besoldungsklasse (1 600—3 100 Frcs.).

1. Gehaltsstufe (2 000—3 100 Frcs.):
a) bei der Generaldirektion:
Die technischen Gehilfen I. Klasse.

b) bei den Kreisdirektionen:
Die technischen Gehilfen I. Klasse, die Aufseher I. Klasse elektrischer Anlagen und Ladestationen, die Gasmeister, die Magaziner, die Handwerksmeister II. Klasse der Werkstätten, die Monteure der Werkstätten.

2. Gehaltsstufe (1 800—2 900 Fres.):
a) bei der Generaldirektion:
Die Bureaugehilfen III. Klasse.
b) bei den Kreisdirektionen:
Die Bureaugehilfen III. Klasse, die Wagenvisiteure II. Klasse, die Magazingehilfen I. Klasse, die Motorwagenführer, die Dampfbootmaschinisten.

3. Gehaltsstufe (1 600—2 700 Fres.):
a) bei der Generaldirektion:
Die technischen Gehilfen II. Klasse.
b) bei den Kreisdirektionen:
Die technischen Gehilfen II. Klasse, die Aufseher II. Klasse elektrischer Anlagen und Ladestationen, die Hilfsmonteure und Spezialarbeiter der Depotwerkstätten, die Vorarbeiter I. Klasse, die Portiers der Werkstätten.

VII. Besoldungsklasse (1 400—2 500 Fres.).

1. Gehaltsstufe (1 600—2 500 Fres.):
a) bei der Generaldirektion:
Die Bureaugehilfen IV. Klasse.
b) bei den Kreisdirektionen:
Die Bureaugehilfen IV. Klasse, die Visiteurgehilfen, die Depothandwerker I. Klasse, die Magazingehilfen II. Klasse, die Drehscheibenwärter I. Klasse, die Schiebebühnenwärter I. Klasse, die Beleuchtungswärter I. Klasse, die Lokomotivheizer.

2. Gehaltsstufe (1 500—2 400 Fres.):
a) bei der Generaldirektion:
Keine.
b) bei den Kreisdirektionen:
Die Vorarbeiter II. Klasse, die Führergehilfen für den elektrischen Betrieb.

3. Gehaltsstufe (1 500—2 300 Fres.):
a) bei der Generaldirektion:
Keine.
b) bei den Kreisdirektionen:
Die Ausläufer, die Fahrdienstarbeiter I. Klasse, die Depothandwerker II. Klasse, die Drehscheibenwärter II. Klasse, die Schiebebühnenwärter II. Klasse, die Beleuchtungswärter II. Klasse, die Gasmacher, die Dampfbootheizer.

4. Gehaltsstufe (1 400—2 200 Fres.):
a) bei der Generaldirektion:
Keine.

b) bei den Kreisdirektionen:
Die Nachtwächter.

5. Gehaltsstufe (1 400—2 000 Frcs.):
a) bei der Generaldirektion:
Keine.
b) bei den Kreisdirektionen:
Die Fahrdienstarbeiter II. Klasse.

6. Gehaltsstufe (1 400—1 700 Frcs.):
Keine.

* * *

In diesen Gehaltsansätzen sind die Nebenbezüge für das Lokomotiv-, Zug- und Dampfbootpersonal nicht inbegriffen; dagegen sind in denselben die für Dienstwohnungen angerechneten Mietbeträge enthalten.

Vorstehende Gehaltsordnung tritt am 1. April 1912 in Kraft.

Bern, den 27. Juni 1911.

GPSR Compliance

The European Union's (EU) General Product Safety Regulation (GPSR) is a set of rules that requires consumer products to be safe and our obligations to ensure this.

If you have any concerns about our products, you can contact us on ProductSafety@springernature.com

In case Publisher is established outside the EU, the EU authorized representative is:

Springer Nature Customer Service Center GmbH
Europaplatz 3
69115 Heidelberg, Germany

Batch number: 10845480

Printed by Printforce, the Netherlands